大夏书系·阅读教学

此书为上海市浦东新区赴美教师志愿讲习团研究项目成果

怎样让学生爱上阅读

培养积极的终身阅读者

郑 钢 ◎著

华东师范大学出版社
全国百佳图书出版单位

优秀阅读者的九大特征

阅读时明确阅读的目的；

总是能够联想他们以前学到的知识或阅读过的文字；

确保他们是真的理解所阅读的文字；

尽可能地观察和分析文中的图片；

预测阅读时接下来会发生什么；

在他们的脑海中想象；

对他们所读的内容能总结；

总是努力理解新的词汇；

将阅读当作爱好，持续阅读。

目　录

序　_ 1

第一部分
阅读理念和价值

阅读的转型：从教学到教育　_ 3
今天的很多社会问题，可以用阅读来解决　_ 12
如何让孩子顺利度过阅读转折期　_ 17

阅读这件事，就是不能让孩子输在起跑线上　_ 23
阅读不仅要"具身式"，还要"离身式"　_ 30
书香校园建设，是天天，而不是一天　_ 36

阅读能力的评价，不仅仅是一张试卷　_ 43
好文章是需要一读再读的　_ 49
虚构类文本阅读，远远不能展现阅读的完整世界　_ 55

横看成岭侧成峰：阅读中的洞察力培养　_ 60

"冬日系"阅读，阅读的不仅仅是冬天　_ 64

行走在路上的阅读　_ 71

连接传统和现代的阅读生活　_ 78

为了让孩子们爱上阅读，澳大利亚发起了"州长阅读挑战"　_ 84

让学生张开想象翅膀的视觉文学　_ 89

北爱尔兰：在孩子心中播撒阅读的种子　_ 93

第二部分
阅读活动和方法

科幻电影《流浪地球》中的跨界阅读 _ 99
朗读：阅读课堂的"吸睛时刻" _ 106
阅读时，不妨手中拿支笔 _ 112

让学生爱上阅读的创意活动 _ 117
"众乐乐"式阅读的活动设计 _ 123
每个学生都能成为"经典"的创作者 _ 128

《小猪进城》整本书阅读教学：读前、读中、读后 _ 133
科普阅读的活动设计 _ 140
英语报纸阅读活动"万花筒" _ 150

数学课上考阅读和写作？——澳大利亚的读写行动 _ 157

第三部分
阅读策略和应用

学生未能成为终身阅读者，原因在于缺了策略教学 _ 165

监控策略，不让阅读偏离"轨道" _ 172

联系和联想：激发阅读者的背景知识 _ 176

阅读时的想象：人人都是独特的电影制作人 _ 183

提问，带着"火把"照亮文本，照亮生命 _ 190

推理：在阅读中做一名"文本侦探" _ 199

抓住重点阅读：信息时代的稀缺能力 _ 205

综合和判断：超越文本的创新之旅 _ 210

阅读策略教学，本身也是需要策略的 _ 216

附录　阅读策略教学案例（节选）_ 221

序

之所以将此书取名为《怎样让学生爱上阅读：培养积极的终身阅读者》，是因为我认为，阅读着实太重要了，这不仅是提高一个国家国民素质最经济的途径，也是一个人安身立命、优雅生存的方式，让人成为更好的自己的方式。一个热爱阅读的人的标志是：主动地、发自内心地喜欢阅读，将读书作为生活不可或缺的一部分，并且通过阅读积极改造自己。正如古人所说："三日不读书，便觉语言无味，面目可憎。"无论是家庭阅读还是学校阅读，目的都是让孩子成为一名喜欢阅读、会阅读的真正的阅读者。

记得有一次我与一位未曾谋面的朋友在微信上交流，他问起我的习惯和爱好。我脱口而出："看书和码字。"他立马回复："你这么优秀。"在此之前，我从来没有想到自己"优秀"，也从来没有将"优秀"与"读书"联系起来。他的回答着实让我改变了对阅读的看法，尽管我喜欢阅读的习惯已经走过无数个春夏秋冬，但是潜意识里认为这个爱好跟"优秀"无关，只有那些"上得了厅堂"的特长和爱好，如拉小提琴、弹钢琴、跳芭蕾舞等，才与"优秀"相关。那时，我才深刻地意识到"优秀"可以如此简单和容易，让一个人优秀，一个民族优秀，最好的方法也是阅读。

阅读很重要，这个道理显而易见，但是要让每个人都喜欢阅读却不是简单的事。阅读本身及其情境纷繁芜杂，没有哪个教育活动比阅读更具复杂性和多样性。阅读的文本，尤其是小说和散文，与科学学科的文本不同，具有较强的主观性。每个人对文本解读的视角和结果是不同的，对于同一个内容通常会有多种解读和见解，甚至会有自相矛盾的观点。这种特点导致人们对于阅读的认识变得尤为复杂，如要读有用之书还是无用之书，要根据书单阅读还是不要根据书单阅读，是大声朗读好还是持续默读好，儿童分级阅读要还是不要等等，对这些相悖的观点，众说纷纭，莫衷一是。而且，学生的年龄不同，他们的身心特点不同，阅读认知规律也不同，在阅读指导、阅读教学目标上也不能简单地"一刀切"。

如今阅读界对于如何提高阅读效果做了许多有益的探索和研究，但是总体上离"培养学生成为积极的终身阅读者"的目标还有一定的距离，我们还远远没有成为阅读大国和强国，人均书本阅读量离世界平均水平差距不小。表面上，阅读的地位在不断提高，这一点从红红火火的阅读活动以及中高考改革强调阅读的重要性似乎得到印证。但是事实上，真正的阅读现状是：不少教师满足于对一本薄薄的教科书"精耕细读"，反复咀嚼，过度分析；教师不善于以课内阅读为依托，引导学生进行大量的课外阅读；阅读理解满足于标准答案，而忽视学生个体经验和创造；不少家长重视学龄前儿童的阅读，不过，一旦孩子上了学，就无奈地把阅读让位给各种补习班和提高班。社会的阅读推广活动通常只是停留在阅读日前后，而不是"三百六十五天,天天是阅读节"。网络与多媒体技术的普及发展也对阅读的推广提出了前所未有的挑战,很多孩子沉溺于网络游戏或者类似抖音、快手等社交软件,鲜有意识和时间来阅读。

如何改变这一现状?如何在新时代与网络"抢夺"读者?如何培养积极的终身阅读者?在书中我提出这样的观点:将阅读教学转变为阅读教育。"教学法"是指用来教学的方法,指的是自上而下地教授教师想要传授的知识,而教育是指"引发学生的自主性力量"。所以,阅读的定位是教育,而不是教学,是引发学生喜欢阅读的自主性力量。引发自主性力量的核心是培养他们真正热爱阅读,养成一辈子都阅读的习惯,而不仅仅是"课堂阅读""考试阅读"和"被动阅读"。这本书围绕这样的目标,将大量笔墨花在学生阅读习惯的培养、兴趣的激发和活动的设计上,以使学生真正喜欢上阅读。

国际的阅读教育给我写这本书提供了诸多视角和视野。前几年,由于浦东的教师境外研修项目和所在学校的交流访问,我有机会访问美国、英国和澳大利亚的一些学校,了解和学习其他国家在推广阅读以及阅读教学方面的做法,在国内也持续关注和跟踪研究这些国家的阅读教育。无论是家庭阅读、校园阅读还是社会阅读推广,这些国家的做法都值得我们借鉴和学习。所以,此书中部分篇幅和内容来自我对这些国家阅读的研究。

教育需要"道",也需要"术"。书中的每篇文章都是一个视角或方法,在写作中我尽量以"道"引路,以"术"行路,在阐释理念、要义和观点后,会提供相应的实践和做法。我们今天的阅读不仅需要转变观念,更重要的是找到实践的路径和方法。其实,方法和理念并不矛盾,方法是手段,是工具,但是手段和工具常常折射出设计者的理念和主张。

此书第一部分主要围绕阅读教育的理念和意义，介绍阅读的作用、定位、价值，帮助家长、教师和读者消除阅读的认识误区和盲区，树立正确的阅读观。

第二部分是阅读教学的种种活动和方法。哈佛大学的凯瑟琳·斯诺教授和她领衔的兰德阅读研究小组于2002年发布了富有影响力的"阅读理解框架"，将阅读理解界定为由"读者""文本""活动"三种影响源联动的结果。所以要让学生喜欢上阅读，教学方法和活动是重要因素。

书中的这些活动和方法，能够激发学生或孩子阅读的"荷尔蒙"，让他们喜欢上阅读，养成阅读的习惯，成为终身的阅读者。脑神经学家告诉我们：人的大脑并非为阅读而生，把原生态大脑改造成阅读脑需要长达十余年循序渐进的努力，才能完成。学生的阅读能力是在阅读方法的引导下，在长期的阅读浸润中慢慢养成的。

第三部分是阅读教学的策略和应用。策略是关于"思考"的思考，阅读策略有助于学生在阅读过程中积极思考、建构意义，是促进学生思维发展的重要手段。核心素养是如今教育改革的热点，无论是语文核心素养还是英语核心素养，都提到促进思维发展，提高思维品质的任务，策略教学在这方面发挥着积极的作用，尤其是对于学生批判性思维的培养。

阅读策略教学已经被写进世界上不少国家和地区的母语课程标准中，然而，策略教学在国内一直未被重视。在美国，阅读策略多达数十个，会有单独的以阅读策略培养为教学目标的阅读课堂。此部分主要介绍了最为常见的七种阅读策略，并提供了丰富的支架和方法。我也希望读者能系统地了解阅读策略并用在日常阅读指导中，以阅读策略教学撬动阅读，锻炼学生的思维，培养独立的阅读者。

这本书的主要对象是语文和英语等语言教学的教师、阅读研究者们。无论是中文语境还是英语语境，这些教学架构和原则都比较适用。其他学科教师也可以从中得到启发和借鉴，书中提供了教师阅读以及学科中的语言教学的方法。此书还适用于家长和儿童阅读指导者，可以用于指导家庭阅读和社会阅读的推广。

　　在此书付梓之际，特别感谢浦东新区优秀教师赴美研修项目以及教师讲习团项目，带给我研究阅读的启发、动力和支持。还要感谢上海市高东中学的井颖老师、上海市实验学校东校的邓彦老师和上海市育华学校的冯晓丹老师，为这本书花费了大量的时间修改，并提出了宝贵的建议。

　　阅读是照亮人生的明灯，让我们一起囊萤聚光，点亮明灯！

郑　钢
2019 年 4 月

第一部分
阅读理念和价值

阅读的转型：
从教学到教育

说起阅读，很多专家学者不满意的一点就是：在中国，阅读还远远未能成为全民风尚。中国新闻出版研究院的调查显示：2017 年我国成年国民人均纸质书籍阅读量为 4.66 本，与世界阅读大国的数量相差甚远。在儿童阅读方面，美国伊利诺伊大学阅读研究中心的调查显示：美国儿童的阅读量是中国儿童的六倍，差距之大令人咋舌。由此看来，我们对阅读的重视程度与其收效并不匹配，阅读如何变革，是当今人们无可逃避、亟待解决的一个重要问题。

阅读应该是教育，而不是教学

提起阅读，很多人的脑海里第一时间想到的是教学，是语文或英语课堂里的阅读。学生打开课本，浏览文章，然后围绕人物、时间、地点等基本要素梳理文本，之后就是教师引导学生分析主旨。这样的阅读教学是围绕考试展开的，一招一式是为了培养学生的考试技巧，目的是让学生在考试中得到高分，对于文本的理解更多的是为了迎合出题者的"预设"。此类教学对于批判性、创造性等高级思维的培养较少关注，学生的审美体验也只是浅尝辄止。

当孩子从这样的课堂中走出来后会不会主动地找一本书去阅读？当孩子困惑、迷茫时，会不会到书中寻找解惑的"钥匙"或心灵的"避难所"？他们会不会感觉"一日不读书，胸臆无佳想"？对于上述问题，我们很难给出肯定的答案。事实上，绝大多数孩子还远远没有养成"好读书，读好书"的习惯，远没有将阅读视作生活中必不可少的部分或是安身立命的依靠。

这种现象的产生很大程度上应归咎于当前教育的功利和浮躁。当前教育的诸多行为仅局限于应付考试，非考试要求范围的不做，非升学要求范围的不重视，赤裸裸地将工具理性和实用主义凌驾于人文和人性之上，将知识的记忆和背诵简单等同于教学的所有行为，忽略对于方法、过程以及学生的情意发展的关注。在应试观念的裹挟下，阅读无法"独善其身"，只能随波逐流。

有个同事讲过一个令人啼笑皆非的故事：她指定学生去阅读某一本名著，可是学生居然带来了好几种"考点版本"让其帮忙选择。翻开书一看，里面居然穿插了很多阅读题和答题思路点拨。在这种"考点版本"名著的指引下，原本指向"心灵滋养，精神成长"的阅读被拉低到了"索然无味，强迫无奈"的应试准备的层次。更令人担忧的是，这样的"笑话"不是个例，在当今社会，诸如此类功利化的阅读比比皆是。

对阅读的定位影响着阅读的成效。在传统观念中，阅读是课堂里的教学行为，是语文、英语老师的责任。在这种定位的作用下，阅读沦为了应付考试的工具，而脱离了阅读本身的意义。

朱永新先生对于"阅读的重要性"的论述可谓家喻户晓：一个人的精神发育史就是他的阅读史，一个民族的精神境界取决于这个民族的阅读水平。由此看来，朱先生对阅读的定位并非"教学行为"，而是一种"教育行为"。他还指出了阅读的"误区"：很久以来，我们一直将阅读看作个体的行为，这样的认识是片面的。我认为，一个国家、一个民族的共同阅读决定了其精神力量，而精神力量对于一个国家软实力与核心竞争力的培育，起着关键作用。

由此可见，朱先生是将阅读提升到国家战略层面，将阅读提升到"育人"的高度。在美国的 K-12 教育体系中，阅读贯穿于整个基础教育阶段，形成了一套系统的阅读教育体系。其本质在于美国对阅读作为"育人行为"的定位，强调阅读以教育的方式，出现在整个国民教育系统中。在此理念的影响下，美国从立法的角度持续颁布推动和实施阅读教育的政策、指南和纲要，持续推动全民阅读的深入开展。

综上所述，要解决当前阅读的困境，极为重要的一点在于转变观念，将阅读视作国民人文素养的奠基工程，将"阅读教学"转变为"阅读教育"，并致力于培养终身的阅读者。

阅读能力不仅仅影响语文

一直被热议的语文高考改革自提出之日起就牵动着老师和家长的神经：首先是阅读量大幅度增加，据权威人士透露，以前卷面阅读总量大约 7000 字，现在是 9000 字，将来可能增加到 10000 字；其次，涉及内容更加广泛，包含哲学、历史、科技等各个方面；类型也更为丰富，包含科技说明文、记叙文、篇幅较长的文言文（例如《史记》中的人物传记）、古典诗词等实用类和文学类文本。这也就意味着，如果学生平时的阅读仅仅局限于教材或者四大名著，就很难在高考中取得高分。

不仅如此，当下几乎所有的科目改革中涉及的阅读要求都在逐步提高。2016 年教育部提出"学生发展核心素养"，指向的是学生面对真实的生活场景，用所学习的知识解决真实问题的能力。基于此，考试的命题也随之发生变革，源于生活的真实场景常常融入复杂的题干里，要求学生在有限的时间内阅读题目，提炼关键的信息，然后才能正确解题。这也表明，阅读是一切学科的最重要的基础。从某种意义上来说，如果不致力于提高阅读能力，等同于放弃所有学科。

美国伊利诺伊大学厄巴纳－香槟分校的克罗姆利（Cromley）教授，曾在包括美国在内的多个国家研究"孩子的阅读量"和"科学课的表现"两者之间的关系，最后发现，这两者具有非常大的正相关性——所有国家的平均值为 0.819。

数学学科同样与阅读关联紧密。芬兰于韦斯屈莱大学心理学系博士奥诺拉（Aunola）就发现，阅读时更注重技巧的孩子，在理解、解决数学问题时能力更强。美国亚利桑那州立大学的格里姆（Grimm）教授也持有同样的观点，他曾对小学三年级的学生进行采样分析，最后发现，阅读理解能力更强的学生，能够更快地掌握解决问题和处理数据的能力。

2018 年一项最新的学习研究表明：阅读不仅能丰富认知，还能塑造大脑。在该项研究中，研究人员利用功能性磁共振成像对学习中的受测对象进行观测，发现在阅读能力测试中表现越好的受测者，其大脑各区域的互动也越活跃。

多伦多大学应用心理学和人类发展学教授基思·斯坦诺维奇（Keith E. Stanovich）曾说："阅读能力增长缓慢，会导致孩子在认知、行为和动机方面的负向累积，会阻碍孩子学术能力和认知能力的发展，并影响孩子的学习成绩。这种状态持续时间越长，孩子在更多的认知和行为领域的表现就会越差。"

所以，"得语文者得天下"这句话并非危言耸听。这里的"得天下"，不仅包含在所有学科的考试中取得优异成绩，更重要的是通过阅读能力和习惯的培养，使学生有足够的力量、自信建构学习人生，并在信息爆炸的时代获得生存发展的能力，成就自我的"天下"。

建立完整、独立的阅读体系

综观世界众多重视阅读教育的国家，尽管它们关于阅读的政策、制度、方法和评价都各有不同，但都具有一套完整、独立的阅读体系。这里所说的"独立"，即具有内在的系统性、完整性，并不仅仅从属于母语或者外语，而是从本国语言的特征出发，具有相对独立且科学的标准、教材、评价和教学等课程要素。

如何架构阅读体系？建立分级阅读体系是这些国家普遍采取的方法。分级阅读体系的核心是确立"读者能力标准"和"图书难度标准"。通过测试，可以比较清晰地评判、衡量学生的阅读能力：孩子正处于什么样的水平？与标准之间的差距有多少？下一步将往哪个方向努力？教师和家长如何指导和介入？……学生的阅读始终在即时反馈和目标导向下进行，在循序渐进中，学生的阅读兴趣和习惯也得到有效培养。

有了分级系统的支撑，家长、教师甚至学生本人都可以轻松地选择适合他们的书籍，在体验阅读的乐趣的同时兼顾阅读的深度，在持续阅读中不断向阅读的更深处漫溯。当然，分级阅读的根本目的并不是让学生达到统一的阅读标准，而是为学生创造一个最理想的阅读区间，允许先进，鼓励落后，始终让每个孩子在阅读的道路上保持前进。

早在100多年前，英语阅读研究者就已经开始研究儿童分级阅读的问题。目前国外的分级体系中知名度最高、应用最广泛的是"蓝思分级阅读体系"，这套分级标准精确量化、可操作性强，其意义不仅在于指导"课外阅读"，更可看作是一个推动语言发展、提升阅读能力和写作能力的综合训练工具，是一套行之有效的训练模式。它让语言、阅读和写作的学习，变得目标清晰、有章可循。

如今全球超过180个国家的学校都在使用蓝思阅读能力测评服务。美国每年有超过3500万的中小学生使用蓝思分级来衡量自己的阅读水平，选择合适的图书，学校将蓝思分级系统视作推进学生阅读能力培养的重要工具。这些学生也许没有学科家庭作业，但每天都会抽出一定时间来完成在线阅读或文本阅读。加拿大、英国、德国等20多个国家也在使用蓝思系统，建立了英语阅读能力培养的量化指标。

科学的分级系统一定是从语言特征出发，以儿童读者为主体，以儿童阅读能力为基准，符合语言结构和读者认知思维的系统化分级。目前，中国还没有一个权威部门或专业机构提出基于中文特征的阅读分级系统和详细的方案。社会上虽然存在着很多中文版的儿童分级阅读，但这种分级系统普遍缺乏科学依据，更无权威性可言。

要推广阅读，亟须从国家层面组织力量研究中文分级阅读，建立数据模型，制定儿童阅读能力标准，提供相应的书目、评估、分析、指导等配套资料，并进入学校系统，成为学校教育的重要部分。

政府、社会、学校和家长是阅读推广的"合伙人"

教育在任何一个国度都不是孤立产生和发展的。正如在植物生长过程中，阳光、土壤、水分以及必要的栽培技术必不可少，推广阅读，推进全民阅读，也需要学校、政府、社会和家长合力完成，他们是阅读推广责无旁贷的"合伙人"。

人们常说，父母是孩子的第一任教师，在阅读方面也是如此。要让孩子爱上阅读，父母首先应当是热爱阅读的人。光是自己读还不够，还需要交流。父母要把自己的阅读经历、收获、兴趣主动与孩子分享。更为重要的是，家长要引导孩子将他们阅读的收获与大家分享，进行交流和对话。比如，在阅读故事后，可以让孩子复述故事情节，培养他们的表达能力及逻辑思维能力；讲讲里面的人物，他们的性格、爱好、关系等；也可以谈谈故事所要传达的观点和主旨。

交流和分享不仅可以促进孩子理解文本，还可以培养孩子的阅读效能感和成就感。在这个过程中，家长要陪伴孩子，引导、鼓励孩子勇敢表达，并及时肯定孩子的阅读成就。所以，家长并不是将一本书扔给孩子自己读就好了，而是要不断与孩子交流、分享。

权威研究的数据表明，人生的黄金阅读时间在童年时期，要让一个没有阅读习惯的成人爱上阅读非常困难。抓住了童年阅读这个关键，就解决了一生的阅读难点，进而打开全民阅读的大门。

如果说孩子的阅读培养在进入学校前的第一责任人是家长的话，那进入学校阶段后的主要责任就转移到教师的身上。孩子进入学校后，在六七岁的阶段，是指导他们学会阅读的关键阶段，不仅仅是培养兴趣而已。教会孩子如何阅读，如何思考，提升阅读思维的品质，在学校阅读指导中相当重要，需要教师运用专业的方法。阅读是具有阶段性的，对不同年龄的阅读者的要求是不同的，因此教师的专业化指导必不可少。

从政府的角度，则需要将阅读提高到提升国民素质和人力资源的高度，通过立法的手段来调动、整合多个系统，整体推进阅读。社会的力量同样必不可少，每个人都应该为孩子的阅读教育负责，包括研究机构、社区、家庭和图书馆等等，可以通过开展研究、组织活动来营造氛围，鼓励孩子阅读和学习。

兴趣、阅读量和方法是"三驾马车"

到底什么才是培养学生终身阅读的关键？不同专家持有不同的观点，有些观点甚至互相抵触。其原因在于，阅读的复杂性没有任何一门学科可以相比，孩子的语言能力、理解能力、个性特长、生长环境、经验与背景、文本材料的先天倾向等等，无一不影响着阅读能力和习惯的培养。

要让孩子喜欢上阅读，兴趣至关重要，因为兴趣是开启阅读的大门。快乐和自主是激发孩子阅读兴趣的关键。在阅读的启蒙阶段，应秉持"孩子喜欢什么就让他们阅读什么"的原则，让他们在阅读中享受乐趣，并慢慢爱上阅读。

其次是阅读量的积累，"熟能生巧"这个词语能贴切地说明量的重要性。提高阅读速度和理解能力没有捷径，只有靠大量的阅读。有研究证明，一般幼儿每年的阅读量要达到 50～100 万字才可以有效提高阅读能力。此外，孩子在海量的阅读中才能培养持续性和连贯性。日积月累的阅读过程，也是培养他们的专注力和耐心的过程，不管是对于孩子的阅读或是未来事业，这些都是最重要的品质。

最后是阅读方法。尽管有些专家强调不要迷恋方法，称"阅读是很自然的事，让孩子直接进入文本，完全自主地阅读，无拘无束地阅读，轻轻松松地阅读"，然而孩子的阅读能力不是天生具有的，而是在后天的引导和熏陶下产生的。陕西语文名师雒宏军曾说：阅读并非与生俱来的天性，阅读习惯需要培养，是阅读期待不断满足进而又提出更高期待，最终成为"习性"的过程。

不仅是阅读，在教育的其他领域，我们都更多地关注教学内容，缺少对方法的研究，缺少方法论。北大的温儒敏教授坦言，现在的语文课对方法很少关注，专家也很少研究。他强调要教给学生"读书的方法"。除了精读，还有浏览、猜读、跳读、群读等等，这些都是有用的，当然也都需要给出具体方法。

好的方法常常与文本特征呼应起来，绝不是一招打天下。一种方法不可能适合所有的文本阅读。好的阅读方法，如同水库里的引渠，可以将内容和思想源源不断地引出。

一旦孩子喜欢上了阅读，各种方法或许就可以慢慢消失，退出"舞台"了。他们不再需要外界和他人的方法去推动、引导和鼓励。真正有效的方法，是他们在自己读书的探索中反省出来的，到了那时，孩子的阅读就进入到自由的境界，也变成了私人化的事情，可以无拘无束，挥洒自如。

综上，一个阅读者终身阅读习惯和能力的养成要经历三个阶段：从小时候的"自由王国"开始，激发兴趣，鼓励孩子大量阅读，孩子喜欢什么就让他阅读什么。到第二阶段是"必要王国"，教师和家长给予学生方法上的有效指导，让学生从兴趣走向习惯，真正学会阅读。尤其是在学会阅读的关键时刻——小学阶段，阅读困难的学生更需要他人的介入和帮助。到了阅读习惯和能力养成后的阶段，他们又回到了"自由王国"，此时的阅读变得高度自由化和个性化，可以完全凭个人爱好和需求进行阅读。此时如果强迫阅读者停止阅读的话，他就会觉得"面目可憎，寝食不安"。

今天的很多社会问题，可以用阅读来解决

有一年我们全家去美国旅行，曾造访梭罗当年隐居的瓦尔登湖。在那儿，梭罗自耕自食，体验简朴、自然的生活，并以此为题材写成超验主义经典作品《瓦尔登湖》。可是，声名在外的瓦尔登湖却并没有给我留下深刻的印象。只记得那儿面积不大，树林环绕，并无旖旎的风光，来来往往不过是些消暑游泳的人，偶尔也夹杂着像我一样的朝圣者。梭罗亲手建造的湖边木屋早已变成废墟，只留给人们无限唏嘘和感怀。

当我们从湖畔徒步返回康科德镇的路上，看到沿途有好几户人家，大大的落地窗里，老人们手持书卷在静静地阅读。那时，晚霞漫天，夕阳的余晖斜斜地洒落在他们身上，人书合一，静谧、和谐，我想这一定是世界上最美好的画面。

我想，假如我们中国的大爷大妈们也把读书当作生活的重要组成部分，他们的生活或许会和现在完全不同，也许会避免很多类似广场舞冲突、疯狂购买保健品、购买理财产品受骗的问题。热爱阅读的人，精神世界更为丰富、独立，对待衰老也更为理智。

不阅读，你就会落后于时代

其实阅读能解决的问题远远不止这些，还有就业问题，以及人们颇为关注的阶层流动问题。国际学生评估项目（PISA）是这样描述"阅读素养"的："阅读素养是为达到个人目标，增长知识和发展个人潜能及参与社会活动而对纸质文本的理解、使用和反思的能力。"经济合作与发展组织（OECD）在1994年进行的一项国际成人阅读素养调查（International Adult Literacy Survey）的结果表明：阅读素养低的成年人，大多数从事低收入工作或没有工作，失业机会也高于阅读素养高的成年人。

如今人们常说要弯道超车，要实现阶层流动，改变人生。其实，阅读就是这样的"捷径"，世界上很多名人或者成功者都酷爱阅读。作家史蒂夫·西博德（Steve Siebold）在过去的30年里采访了1200多位全球各地的成功人士，他说，通过阅读来自学是成功人士的共性。Facebook的CEO扎克伯格大概每两周读一本书，他还专门在Facebook上创建了一个名为"A Year of Books"的公共主页，号召大家一起阅读他推荐的书籍；比尔·盖茨是一位大书迷，他习惯在每天睡前读书1小时，还坚持在他的博客"盖茨笔记"（Gates Notes）中更新读书笔记；巴菲特堪称读书狂魔，每天至少读500页，在创业期更是一天要读1000页之多，以此汲取灵感和启示。

当今时代，知识更新周期不断缩短。联合国教科文组织曾经做过一项研究：在18世纪时，知识更新周期为80～90年；20世纪初，缩短为30年；到了20世纪八九十年代，许多学科知识更新周期缩短为5年；进入21世纪后，更新周期已缩短至2～3年。这就给学习带来了两个变化：一方面人们学习知识的成本极低，能轻易地获得各种信息和知识。以前在特定领域里的研究成果常常是"养在深闺人未识"，无法与普通读者接触，而今发达的新技术和新媒体，常常使得研究成果"忽如一夜春风来，千树万树梨花开"。有个资深出版社编辑向我感慨，按照这样的趋势，不久的将来人们将不再需要实体书刊。另一方面，知识系统一旦发生变化了，思维系统和话语系统也会随之发生变化。因此，今天的人们比以往更需要读书，因为只有不断地阅读，才能跟得上时代的发展。阅读能力是知识经济时代最重要的能力之一，与想象力、创造力、感受力、理解力、记忆力等都有极大的关联度。

阅读是"戾气"的消除剂

当下"戾气"事件层出不穷：动车霸座、拦车、擅闯自然保护区致死致伤、破坏文物等等。这些事件的成因极其复杂，不是三言两语能够说得清楚的，但我相信其中一个原因就是社会上很多人的阅读量太少。当前中国社会的阅读状况虽已有了较大改观，但多项读书调查显示，人均阅读量还是远低于世界水平。

旅居上海的印度工程师孟莎美曾写过一篇文章叫《令人忧虑：不阅读的中国人》："我在飞往上海的飞机上。正是长途飞行中的睡眠时间，机舱已熄灯，我吃惊地发现，不睡觉玩 iPad 的，基本上都是中国人，基本上都是在打游戏或看电影，没见有人读电子书。这一幕情景一直停留在我的脑海里。其实早在法兰克福机场候机时，我就注意到，德国乘客大部分是在安静地阅读或工作。中国乘客大部分人要么在穿梭购物，要么在大声谈笑和比较价格。"她得出一个结论："现在的中国人似乎都无法坐下来安静地读一本书。"这句话确实是当前部分中国人的阅读现状的写照。

世界上美好的文字总是蕴藏着积极向上的元素，如善良、正直、宽容……即使是表现人的劣根性，也总是伴随着批判而出现。阅读的功能之一是培育德性，就是美德。武汉大学哲学学院院长吴根友说过："人在成长的过程中会逐渐养成对某种超越性价值的认定，并在自己的人生实践中一再坚持某种精神原则。"具有德性的人，常怀敬畏感：敬畏天命，敬畏规则，敬畏自然，敬畏生命……他们断然不会将一己之私，超越于公序良俗之上，凌驾在法律制度之上。

这种德性的养成，很大程度上依靠教育和影响，如信仰、家庭、榜样等，在这些影响中，阅读无疑是一条重要途径。伊塔洛·卡尔维诺（Italo Calvino），这位世界上最伟大的作家之一，这样解释阅读对德性的作用："这种青少年的阅读，可能（也许同时）具有形成性格的实际作用，原因是它赋予我们未来的经验一种形式或形状，为这些经验提供模式，提供处理这些经验的手段，比较的措辞，把这些经验加以归类的方法，价值的衡量标准，美的范式：这一切都继续在我们身上起作用，哪怕我们已差不多忘记或完全忘记我们年轻时所读的那本书。"

梭罗的话则更为直接："一本真正的好书教给我的远不止阅读它，我必须将它放在一边，然后按照它来生活。我始于阅读，终于行动。"这或许就是阅读的价值和本质。

阅读给孩子一个美好的未来

在孩子的教育问题上，手机和网络成了"众矢之的"。有个校长发表"别让手机偷走你的大学梦"的演讲，控诉手机的危害，得到很多人的赞同。不久前还发生了孩子不满家长没收手机而跳楼的事件。我想，这些孩子多半没有从小养成阅读的习惯，没有体会到阅读的愉悦感，所以才会在网瘾的世界里慢慢沦陷，无法自拔。我认为，阅读是对抗网瘾最好的"利器"，是最好的"防火墙"。

重视阅读的家庭，一般来说，家庭关系更为和谐，亲子关系更为融洽。因为父母与孩子会有更多的共同语言，交流和沟通也更顺畅，默契感也更强。家长可以通过阅读，"润物细无声"地培养孩子勤劳、谦逊、虚心、善良、担当等品格。

孩子的成长包含两个方面："成人"和"成才"。阅读在这两方面的作用都不可小觑。

从"成人"的角度来看，阅读让孩子成为人性意义上具有优秀品质的人，如具有良好的品行、自由的头脑、丰富的心灵及善良高贵的灵魂。

我一直建议孩子阅读三种书籍：传记、历史和小说。传记是"优秀灵魂"的重现，对一个孩子的成长最直接的影响便是他所看到的榜样以及榜样里的故事。或许我们不能成为伟人，然而我们可以成为追求卓越的人。也许，孩子无意间读到的某个人的某句话，就成为了他生命中的"伏笔"，成为人生中顿悟的"拐点"，或者激发梦想的"打火器"。历史是"人类经验"的重现，孩子可以从时代兴衰和历史轮回中找到来处，觅到归处。小说是"生活世界"的重现，孩子的成长过程就是个人世界和生活世界互动的结果，生活世界越丰富，那他的个人世界也就越丰富。

从"成才"的角度来看，科学家们的实验为我们提供了强有力的实证。基思·斯坦诺维奇教授借用了莫顿的"马太效应"解释他发现的早期英文阅读能力的差距导致孩子间学术成绩差距进一步拉大的现象：启蒙阶段阅读能力越强，孩子随后的学习能力越强；到小学三年级或四年级之前还没有打下良好阅读基础的孩子，在学习其他技能方面将会终身面临挑战和困扰。

斯坦诺维奇还说："阅读能力增长缓慢，会导致孩子在认知、行为和动机方面的负向累积，会阻碍孩子学术能力和认知能力的发展，并影响孩子的学习成绩。这种状态持续时间越长，孩子在更多的认知和行为领域表现会越差。"

所以，毫不夸张地说，终身阅读的兴趣和习惯，将是孩子一生的财富。这样的财富不是消耗式的，而是叠加式和增值式的。

如何让孩子顺利
度过阅读转折期

在这个儿童阅读越来越受关注的时代,很多老师和家长总是埋怨孩子的阅读兴趣难以持久。他们会说:"小时候,孩子喜欢阅读,一有空就会去看书。但是到了 10 岁前后就慢慢地转移了兴趣,不再把时间花在阅读上。"的确,10 岁前后正是儿童阅读的"关键期"。国际阅读素养项目就是将 9～10 岁的儿童作为阅读素养的研究对象。他们认为,这个年龄段是孩子阅读发展的至关重要的转折点。

如果在这个年龄段,孩子能学会如何阅读,并懂得为了学习而阅读,那么他们的阅读习惯就会扎根,变成终身的行为;一旦错过这个阶段,就会陷入阅读的"消退期",以前积累的阅读兴趣也会前功尽弃,自然也就无法成为终身的阅读者和学习者。

放养式阅读会让孩子迷失方向

在传统教育方式不断受到质疑的今天,很多家长对孩子进行"散养",

美其名曰"培养孩子的自由个性",只要孩子开心就好,别的概不过问,似乎只有这样的育儿方式才是真正尊重孩子,才能让孩子在成长中得到更多个性发展的机会。

在阅读中,他们也选择放养式阅读的方式。他们对阅读很重视,当孩子还在牙牙学语时就为其购买了大量的书,对其进行阅读的启蒙;稍大点就去逛书店,让他们随便看书、自行挑书;再大些,就会报一些线上或线下的阅读课程,将孩子交给辅导老师。

然而,这种彻底放手让孩子自行阅读的方式并不可取。很多孩子在幼儿时期非常喜欢读书,爱不释手,一看就是几个小时。然而慢慢地,他们对阅读不再热衷,读书成为可有可无的事,图书也成为了书柜里的装饰品。

究其原因,阅读终究不是自娱自乐的事,而是探索世界的过程,是个体世界和文本世界互动的过程,是思维挑战和磨砺的过程。放养式阅读让孩子的阅读始终停留在表面,久而久之,慢慢消耗掉孩子的阅读兴趣,孩子就会在阅读的道路上迷失方向。

尊重孩子的阅读兴趣,引导广泛阅读

兴趣是学习最好的老师,阅读也是如此。每个人的认知兴趣和倾向有所不同,对书籍的挑选也会有天然的倾向性和侧重点。一旦孩子迷恋上某一类书籍,就容易深陷其中,无法自拔。

"鸡皮疙瘩系列丛书"的作者——美国作家斯坦(Stine R.L.)在谈到尊重孩子的阅读习惯时,曾说道:"要让孩子们去寻找自己的阅读方式,我提倡小朋友多读书,找到自己感兴趣的、可以轻松自如地谈论的内容。"

他的儿子马特小时候只喜欢看加菲猫的漫画书,每天晚上,马特都乐此不疲地阅读,非常投入,甚至坐在沙发上笑得前仰后翻。

这部漫画书记录了加菲成长过程中的一个个充满奇思妙想、趣味盎然、富有正能量的故事，符合孩子的年龄特点。幽默贪吃的小加菲、爱流口水的乐天派大狗欧迪、聪明友善的小猫阿琳、甜美乖巧的老鼠格莉和她调皮捣蛋的弟弟格达等等，都是儿童成长过程中无法回避的生活镜像，也是他们成长世界的多样再现。作为阅读指导专家，斯坦夫妇清楚地知道，加菲猫的故事对于孩子来说意味着什么，也很清楚兴趣是引导孩子通向深度阅读和广泛阅读的关键。有了持久的兴趣，孩子就会在阅读的道路上追逐阅读的乐趣，养成阅读的习惯，自然也就会主动去找书来读。所以，斯坦夫妇任由马特享受这个阅读的过程，从来不干涉他，也不强迫他去读其他的书籍。果然，在兴趣的驱动下，马特开始了广泛和深度的阅读，以加菲猫为阅读的起点，进而读完了美国文学史上所有经典的著作。

从马特的阅读经历来看，家长和老师在孩子阅读过程中发挥的作用应该是：抓住孩子的兴趣点，适当地引导，将孩子的视线引向更广阔的阅读世界。例如，孩子对加菲猫感兴趣，可以推荐其他关于猫的故事的书籍，或者有关猫的科普材料等。又如，孩子如果喜欢阅读《西游记》，可以趁机鼓励孩子阅读唐代高僧玄奘的故事，然后进行分析和比较。

还有一个更为简便的办法，就是给孩子推荐各式各样的图书，鼓励孩子广泛涉猎，就像一个人吃饭一样，肉、蛋、奶、蔬菜、水果，什么都要吃，营养均衡。

散文家、戏剧家汪曾祺说过："我读书很杂，毫无系统，也没有目的。随手抓起一本书来就看。觉得没意思，就丢开。我看杂书所用的时间比看文学作品和评论的要多得多。"

新东方董事长兼总裁俞敏洪也提到自己很喜欢看杂书，名著、历史传记、畅销书和历史等都看。他认为读杂书能增加思考的能力，训练从不同的角度看待问题。

因此，在孩子阅读时，家长需要清楚地知道孩子的兴趣在哪个方面，呵护这种兴趣和爱好，并鼓励他慢慢拓展阅读的范围，在深度和广度上更进一步。家长和老师是孩子阅读兴趣的守护者和摆渡人。

培养阅读的"效能感"，激发孩子的阅读"心流"

美国心理学家班杜拉创建了"自我效能感"理论，他认为，自我效能感高的人常常表现为期望值高、遇事理智处理、乐于迎接应急情况的挑战、能够控制自暴自弃的想法——需要时能发挥智慧和技能。

自我效能感对于阅读也很重要，阅读效能感高的人表现为热衷阅读，当阅读遇到障碍时会理智地处理和对待，乐于接受阅读难度上的挑战，必要时能运用阅读技巧及策略，积极与他人分享阅读的收获及乐趣。这是一名真正的阅读者的表现。

阅读自我效能感如何培养？这里有三个原则：

感受成功原则。在阅读过程中要想方设法让阅读者产生更多成功的愉悦体验，减少失败的不愉快体验。例如，有些故事中会有多条情感线索，家长和老师引导孩子去寻找情感线索，并与之产生共鸣。无论这条情感线索是悲是喜，都会使阅读者产生一种阅读愉悦体验。

尊重支持原则。尊重读者的主体地位，调动读者的主动性、积极性，把对阅读者的情感支持与他的积极主动参与有机结合起来。无论家庭还是学校，阅读氛围的创设和条件的创造都非常重要。如果父母是阅读爱好者，那孩子也会耳濡目染，成为天然的阅读者。这样的情感支持非说教可比。

异步发展原则。阅读是个性化的行为，每个孩子的阅读兴趣有所不同，家长和老师应在尊重的基础上适当予以引导拓展。《达不到这三点，孩子永远别想成为"真正的阅读者"》一文中提到，对话是真正阅读的基本形态，包括读者与自我对话、与文本对话、与世界对话。这个对话的过程是将一篇文章或者一本书读厚、读透、读深的过程，它体现的就是阅读个性发展、异步发展的原则。每个人的生活经验不同，认知世界的角度和思维不同，与文本人物对话的深度不同，由此产生了"一千个读者就有一千个哈姆雷特"的现象。

美国心理学家米哈里（Mihaly）总结过这样一条规律：当人全情投入、全神贯注于某一项活动时，会有高度的兴奋感、充实感与幸福感。他把这种似乎要汲取整个生命力的、精神高度集中的思维、状态与感觉称为"心流"。当阅读效能感生成时，孩子就会慢慢进入阅读的状态，从表层走向深处，从被动走向主动，从短暂走向持久，达到"物我两忘，身心合一"的感觉，也就产生了阅读的"心流"。

如果孩子将阅读视为生活或学习的必要部分，能在阅读中体验到共鸣、乐趣，甚至能舍弃其他爱好而投入阅读，那么他离成为终身的阅读者就不远了。

阅读是输入，关键还要输出

为什么要阅读？相当重要的一个原因是阅读能促进阅读者认知水平的提高、改变思维结构和模式。但机械、简单的阅读很难达到这个目的，只有建立在分享、思考、分析和输出基础上的阅读才是有效的。

如果把阅读比作跑步比赛，那这场比赛最终的目标是学生能够以各种形式的成果或方式来表达对文本的理解。阅读者的目标感一旦树立，他在阅读过程中就会有意识地朝着目标去努力，而不仅仅是完成阅读量。这个在目的驱动下努力的过程，就是阅读输出。

在输出的过程中，家长和老师的作用必不可少，很重要的一种方式就是与孩子进行交流，探讨故事中的人物、情节、结构、情感等元素，交流为何喜欢这本书，喜欢哪个角色或者哪段描写等，诸如此类的话题。久而久之，孩子就会有意识地带着思考去阅读，这也是效能感的体现。

家长和老师也可以尝试着鼓励孩子做些笔记或者摘要。在阅读的过程中产生的感想或联想，发现书中写得好的地方，都应该鼓励孩子记下来，认真琢磨。记笔记或摘要的过程其实就是思考、选择和分析的过程，最后这些笔记或摘要融会贯通，就会变成阅读者自己的东西。

家长和老师还可以鼓励孩子用多种方式表达对故事或文本的理解。比如设计一些图文并茂、体现文本主要特征的读书报告，让阅读者完成；比如读书交流，组织孩子在阅读后，以报告会、绘本展示、故事概要等方式与别人分享他的理解和收获。在美国小学的历史课上有一种"真人读书报告"活动，老师要求学生选择一个历史人物来讲述其生平。学生事先要到图书馆或网络上查找资料，然后身穿这个历史人物所处时代的衣服，扮演他，在同学们面前完成讲述。

角色扮演、课本剧、故事续写、故事改写等都是阅读输出的形式。这样的输出对于阅读兴趣的培养、信息处理能力的提升、阅读量的积累都是十分重要的。

当阅读变得充满快乐时，阅读者自然就会更喜欢，也更投入。对于低龄段的孩子来说，阅读的兴趣和愉悦感就是敲开阅读大门的金石。

阅读这件事，就是不能让孩子输在起跑线上

西汉刘向说过："书犹药也，善读之可以治愚。"阅读如同深邃苍穹中永不熄灭、指向人类未来的明灯，使得人类能够自我启蒙，走出蒙昧状态，抵达自由的终点。在资讯芜杂、信息爆炸的互联网时代，对阅读的重视无疑是一股对抗日渐泛娱乐化、庸俗化的生活方式的"逆流"，也是一种正本清源的"回归"。

对一个孩子的成长来说，无论是塑造精神世界还是传承文化，阅读都有着不可替代的作用，因此，当今社会对早期阅读尤为关注，许多学校和社会机构都在不遗余力地推广幼儿阅读。

识别孩子的密码，就知道早期阅读的重要性

许多老师和家长存在一种错误的观念，认为只要孩子手中拿着一本书，阅读自然就发生了，他们与文本的对话自然就展开了，阅读能力自然就提升了。其实不然。我曾经与一位语文教师交流，她很重视自己孩子的

阅读，可即使是语文教师出身的她也不知道如何着手指导，因此孩子的阅读效果远远没有达到她的预期。

如何将"伪阅读"变成"真阅读"，将"短阅读"变成"长阅读"？这是儿童阅读中亟待思考的问题。"不要让孩子输在起跑线上"这句一度流行但在今天却饱受诟病的话，或许可以作出回答。

阅读是孩子认知世界、精神发育最重要的方式。关于这一点，我们可以从幼儿发展的过程和规律中，找到重要的科学依据。

上海市早期教育指导服务中心主任、特级教师茅红美在研究中发现，幼儿发育过程中存在着九种敏感期：

0～6岁是感官敏感期

1.5～4岁是对细微事物感兴趣的敏感期

0～6岁是动作敏感期

2.5～6岁是社会规范敏感期

4.5～5.5岁是阅读敏感期

6～9岁是文化敏感期

3.5～4.5岁是书写敏感期

2～4岁是秩序敏感期

0～6岁是语言敏感期

阅读与感官敏感期、阅读敏感期、文化敏感期、书写敏感期、语言敏感期这五者都存在着或多或少的联系。在敏感期内，大脑需要一定的外界刺激，以建立和稳定脑结构，促进机能的发展。因此，在敏感期内展开深入持久的阅读活动正是"好雨知时节"。

认识到这些规律，我们才能真正理解阅读对于儿童成长的重要性和无可替代性。所以，从这个意义上来说，"不要让孩子输在起跑线上"这句话可谓箴言。因为一旦错过了这些敏感期,孩子的阅读兴趣、习惯的培养就变得事倍功半,举步维艰。

不同的阶段要做不同的事

当然,在孩子成长的不同阶段中,阅读的关注点和侧重点会有所不同。在儿童阅读的图谱和坐标中,首要阶段是"愉悦地读"(read for fun),让孩子喜欢上阅读,在阅读中体验到乐趣,获得阅读的"效能感"。

犹太人一年人均读书量达到40本。据说,犹太人在小时候,母亲会将蜂蜜滴在图书上,让孩子去尝一尝书上甜蜜的味道,使孩子从小就像爱吃蜂蜜一样爱啃书本,在他们幼小的心灵打下热爱读书学习的烙印。这是一种感官和知觉上的效能感。

更重要的效能感来自在阅读中产生的心理上的认知满足和认同感,来自孩子阅读世界和生活世界的沟通与相连。当一个孩子在生活世界中找到书本世界的内容,或者在书本世界中找到生活世界的写照时,他会说,"书上是这么说的"或者"我的生活中也是这样",阅读的乐趣自然而然就产生了,生活世界的"真"与"美"也闯入了他们的内心世界。

第二个阶段是"学会阅读"(learn to read),培养孩子阅读的习惯和方法。古代木匠行业有句行话——"尺步绳趋",强调手艺符合规矩,不能随便。学徒刚进入工坊,师父对徒弟的动作要求会非常苛刻,一丝一毫不得马虎。如果徒弟的动作有半点差池,师父就会严厉责罚。

阅读也是如此。孩子的阅读环境和书籍选择也许是随性的,但是基本的习惯和方法的培养却是有章可循的,如在阅读时,目光应该是从左到右移动,而不是跳跃式的;当孩子拿到一本书时,必须从封面、目录看起;在阅读中遇到障碍时,应该用笔记录下来,可以写下批注和思考,然后想方设法破解障碍。

正如艾德勒（Adler）和范多伦（Van Doren）在《如何阅读一本书》中所说：阅读是有方法和技巧的，阅读是需要训练的。而且阅读方法和习惯培养的任务主要是在孩子9岁前完成，等到9岁后再去关注则为时已晚，效果会大打折扣。

2017年9月份在全国范围启用的部编语文教材，其中一个重大的变化就是，强调小学阶段要重视多种阅读方法的教学，包括默读、浏览、跳读、猜读、比较阅读、读整本书等等，其目的在于改变当前阅读教学重知识轻方法、重课内轻课外、重引导轻自主的阅读现状。

在进入"学会阅读"阶段后，阅读开始过渡到第三个阶段——"有目的阅读"（read for purpose）。此时阅读成为了一种获取资讯和知识的工具。当孩子进入学校后，有目的阅读变得很常见。孩子打开课本，是为了获取知识，但是这样的阅读常常是考试驱动和知识导向，以直接的方式获取人类的间接经验。真正有效的"有目的阅读"应该是任务驱动和运用导向。最典型的形式就是研究性学习，研究某一个课题或主题，按照自己的兴趣、喜好收集与此类主题相关的书籍，然后阅读、处理和整合资讯。这是一种个性化和体验式的阅读，也是整合性、运用型的阅读，无疑是"有目的阅读"的最高层次，也是学术研究和课题研究的方法。

阅读的最后阶段是"学会思考"（learn to think）。宋代理学家朱熹曾说："读书之法，在循序而渐进，熟读而精思。""熟读而精思"就是要咀嚼与消化所读的书，其特别之处在于解码文本所隐藏的深层含义，追寻理解，激发思考，深谙文本对于现实生活的隐喻和折射。

好的文本就是冰山，文字就如呈现于海面上的冰山一角，只是极小的一部分，而视线不及处的海平面下无比庞大的部分，则是字里行间所隐含的人类生生不息的文化、世界构成的范式和复杂深奥的人性。追寻理解、学会思考才是阅读的最高境界。

培养孩子阅读兴趣的四个"关键词"

要让孩子成为"一辈子的读者",对阅读兴趣的培养至关重要。许多国家和地区的民众酷爱阅读,将阅读视为生活和生命的一部分,就是因为整个社会重视对儿童早期阅读兴趣的培养。孩子阅读兴趣的培养有四个关键词:持续、分享、适合和思维。

1. 持续

我们始终要让孩子明白:阅读不是一时之事,而是一世之事。

巴丹在《阅读改变人生》一书中写道:"阅读不能改变人生的长度,但可以改变人生的宽度。阅读不能改变人生的起点,但可以改变人生的终点。"人离开这个世界最美好的方式就是与亲人和书籍相伴,与书相伴是对人生最好的"奖赏"。因此,无论学校还是家庭,都要努力创设持续阅读的氛围和条件,让孩子将阅读视作学习和生活不可或缺的部分。

如开展"阅读马拉松"活动,给孩子设定阶段性阅读目标,鼓励他们不断地挑战自我,坚持阅读,并在达到一定的目标后给予奖励。又如开展"登山阅读"活动,孩子阅读完规定数量的书籍就到达了相应的"海拔",使他们感受到阅读的过程就是攀登、超越的过程。

2. 分享

激发儿童阅读兴趣的秘诀在于分享。英国儿童阅读专家艾登·钱伯斯(Aidan Chambers)的"阅读循环圈"告诉我们,不阅读的孩子是由不阅读的大人造就的。一位虔诚的成年阅读者,一个懂得孩子们需要什么的成年人,才是阅读教育中不可或缺的要素。

阅读界还有一个非常著名的"圈"——"文学圈"。这是20世纪80年代兴起于美国的一种阅读教学模式。台湾的吴敏而教授在《文学圈之理论与实务》一书中对"文学圈"作出如下阐述:"文学圈是一个协同探究和阅读的团体,它的过程是在每个人选择读物之后,先独立阅读,再分享个人对文本的回应,然后共同决定探究的议题,进行深入探讨。"

这种模式最大的特色在于"角色扮演"和"积极对话",它能有效培养学生独立阅读、发展阅读策略的能力。要建立"阅读朋友圈",无论在学校或是家庭,群体的关系在阅读的视域下都变成了朋友或同侪的关系。大家坐下来,通过好文分享、亲子活动、家庭之夜、一书共读、美文朗读、好书推介等方式一起阅读,相互交流、激励、分享。

3. 适合

为孩子找到合适的书籍很重要,不然,孩子阅读时味同嚼蜡,坐立不安,时间一长,会彻底丧失阅读的兴趣。

孩子对什么样的书感兴趣?答案是与孩子生活息息相关、能够让他看到自己或联系到生活的书籍。如果家里养了小金鱼,可以推荐孩子去看凤尾鱼或美人鱼的故事;如果有一天我们要带孩子去旅游探险,《杜利特医生非洲历险记》将是不错的选择。

让孩子挑选他们喜欢的书籍也是激发阅读兴趣的一剂良药。有的孩子喜欢科幻小说,有的倾向于战争故事,有的迷恋文学……当孩子们拿到他们心仪的书籍时,会"不顾一切"地投入阅读,期间产生的共鸣会让他们无法自拔。而且,阅读兴趣和热情是会传递的,通过同伴、师生、亲子之间的传递,可以不断拓展个人的阅读经验和范围。

4. 思维

有效的阅读常常需要运用分析、综合和评价等高阶思维,具体表现为推断、解释、整体感知、评价鉴赏、联结、运用等等。

孩子天生就是探究者,充满了好奇心和想象力。在阅读中要呵护他们的好奇心，引导他们提炼、分析、延伸，并鼓励他们提问，去质疑、审视、重组、辨析文本。德国哲学家伽达默尔（Gadamer）在《真理与方法》一书中，提出理解文本的首要前提是我们先向它提出问题，然后将文本视为对我们问题的回答，"因为提出问题，就是打开了意义的所有可能性，因而就让有意义的东西进入自己的意见"。

正是这样的阅读方式，使得孩子在阅读的过程中获得主体感，成为阅读的主人。渐渐地，文本的意义和精髓融入孩子的血肉，成就他们的批判性思维。学会去质疑、思考和判断，这才是阅读带给他们的真正的价值和意义。

阅读不仅要"具身式"，还要"离身式"

要引导学生进入阅读大门，激发他们的阅读兴趣至关重要。在学校和家庭中创设阅读环境，为他们提供感兴趣的书籍，开展各种阅读活动等，这是"具身式"阅读。"具身式"阅读具有实践性、活动性、体验性等特征，它将"学习者身体"置于学习实践的中心地位，强调学习是通过身体体验及其活动方式形成的，强调获得亲身经历和实践过程中的独特感受。"具身式"阅读让孩子全身心地浸润于阅读氛围和过程之中，体验阅读的乐趣。

与之相对的是另一种方法——"离身式"阅读。老师和家长鼓励孩子从阅读的"浸润"中跳出来，从阅读本身的角度去认识和理解阅读，增加学生对于阅读的认同感和亲切感，认识到阅读的益处，从而产生阅读的欲望。

喜欢阅读的人是怎么样的

中外名人中不乏酷爱阅读的人，老师和家长可以给学生讲述他们的读书故事。如三国吕蒙阅读古代兵法和史书，军事才能大有长进，多次立下大功；闻一多结婚的那天，人们到处找不到新郎，最后竟发现他在书房里，手里捧着一本书埋头苦读；数学家华罗庚拿到一本书，不是翻开从头至尾地读，而是先猜想书的谋篇布局，斟酌完毕再打开书，如果作者的思路与自己猜想的一致，他就不再读了。

关于名人的读书故事交流会也是一种方法。鼓励学生自己阅读名人的读书故事，然后交流分享。学生在阅读和交流过程中就会了解到：历史上很多军事家、科学家、文学家、艺术家都酷爱阅读，他们的成就离不开阅读的帮助。

身边的阅读人物也可以成为学生最好的阅读榜样。老师和家长可以鼓励学生去调查自己身边那些热爱阅读的人，了解他们的阅读行为有哪些，他们的共同特点是什么。美国阅读教师、阅读研究者戴比·米勒（Debbi Miller）曾组织学生观察身边的人并分析他们的阅读行为，以下是他们的调查结果：

参加阅读俱乐部；
经常去图书馆，借回来好多书籍；
读各种各样的读物，大人们读杂志、书籍、报纸，还有单位带回的资料；
经常看书；
身边总有一本书；
总是谈论书及里面的人物、观点和故事；
推荐一些书给他人；
对书中的故事情节和人物进行提问；
与朋友一起阅读；
与他人交换书籍；

看书的时候，用手或笔指着单词；

会重读某一本书；

会定期去书店买书；

爱到旧书店淘旧书；

在阅读时会大笑、尖叫、微笑和皱眉头；

会大声地朗读出来；

使用书签阅读；

完成一本书的阅读后会接着阅读下一本书；

将问题或感想写在记事贴上，贴在书里；

仔细观察文本中的图片，阅读底下的小字；

有时阅读的速度很快，有时阅读得很慢；

当单词不认识或不确定时，会查字典……

在培养学生的阅读习惯和兴趣时，老师、家长和朋友是否在阅读？如何阅读？他们的榜样作用至关重要。惠特曼有首诗叫作《有一个孩子向前走去》：有一个孩子每天向前走去，他看见最初的东西，他就变成那东西，那东西就变成了他的一部分……在阅读上也是同样的道理。一个热爱阅读的老师通常会培养出热爱阅读的学生，从热爱阅读的家庭成长起来的孩子，也会常常手不释卷，那种熏陶和感染的力量是无穷的。

在观察和调查中，学生将学会如何阅读一本书，养成阅读习惯，并了解到：阅读对于读书人来说是生活的一部分，是一种习惯，跟一日三餐一样，是与学习和工作并列的一种生活方式。

在哪儿能够阅读呢

关于这个问题，北宋文学家欧阳修讲得甚为形象："余平生所作文章，多在三上，乃马上，枕上，厕上也。"这不仅是他写作的方式，也是他阅读的方式。阅读是与日常生活相交融的，在任何地方都可以阅读。

有人对当下信息化社会的阅读提出批评和非议，认为过于碎片化，过于零星和肤浅，缺少深度。然而，如果阅读成为人们生活的一部分的话，碎片化的阅读势必会成为阅读的重要形态。APP阅读、微信阅读、QQ阅读等基于网络的泛在阅读成为很多人的选择。当阅读不再受到时间和空间的制约时，反而能够促进人们阅读。在阅读这件事上，"读"永远是头等大事。

真正的阅读是不拘于场所的，喜欢阅读的人在每个地方都能拿起一本书，欣然忘我。在家里的床上、院子里的树下、帐篷里、沙发上、学校的任何角落、足球场、机场、飞机上、书店里、超市的付款台边、车里、排队的队伍里，甚至在树上，真的是"茫茫广阔天地，任人置身阅读"。

在美国的课堂上，学生的阅读场地"有放有收"。"收"是在教室里经常会有一个阅读角，这是相对固定的、专门的阅读场地。"放"是让孩子自主选择，到他们中意的地方去阅读。幼儿阅读教学专家露西·卡尔金斯（Lucy Calkins）在《如何创设适宜的阅读环境与课程？》中介绍过他们的做法：学期初，所有的孩子都坐在自己的座位上读书。坐在自己的座位上读书对某些孩子非常有帮助，尤其是那些注意力不能长时间集中的孩子，他们需要把书平稳地放在桌子上，才能思想集中。过一段时间，老师会允许部分学生在教室里挑选一个地方阅读，在那里贴上他们自己的名字，打造成私人阅读角。阅读时他们有的坐在地毯上，有的坐在沙发上，有的坐在台阶上，俨然一幅生动的"阅读百子图"。

允许学生按照自己喜欢的方式阅读，目的是为了让他们找到最佳的阅读状态。阅读是一件舒适的事情，绝不是痛苦和折磨，不一定要正襟危坐、肃然阅之。只有孩子找到属于自己的阅读方式和状态，他们才会喜欢上阅读。

让学生找到喜欢的阅读的地方，意义不仅仅是寻找阅读的空间，还在于帮助他们找到阅读的方式。时空总会紧紧地交融在一起，找到空间的同时也就找到了阅读的时间。当他在高铁上找到座位，拿出一本书；当他蜷在沙发上，拿起一本书；当他在院子里闲庭信步时，拿着一本书……在这种状态下，是不愁没有时间阅读的。

阅读有什么好处

阅读的好处，似乎有很多。"熟读唐诗三百首，不会作诗也会吟""读书百遍，其义自见""读书破万卷，下笔如有神"……古代名家的相关论述数不胜数。现代不少名家也有大量论述，叶圣陶曾说："文学能揭穿黑暗，迎接光明，使人们抛弃卑鄙和浅薄，趋向高尚和精深。"吴伯凡先生说："经过文学不断的滋养和打磨，我们会变得十分敏锐，能够从哪怕十分简单的事情上找到一种深刻的乐趣。"这些话都很有道理，从不同的角度分析了读书的好处，可是对于学生们来说，这样的描述未免过于深奥、晦涩，似乎距离生活太遥远。

让学生结合自己的阅读经历和收获来谈谈读书的好处，是一种贴近他们生活、激发他们阅读欲望的方式。教师和家长要会运用"牵引策略"，从故事的某个人物、场景或者动物引发，鼓励学生说说那些他们所知道的，是从哪儿了解到的，或是哪本书提供给他们的。

如果一个学生能滔滔不绝地展开话题，一定会有极大的成就感。如果一个学生能在课上联系课外读过的书，阅读的自信心肯定油然而生；而对于坐在讲台下倾听的同学来说，他们一定会充满敬佩和羡慕，也许会瞪大眼睛，张开嘴巴，说："哇，他怎么什么都知道啊？"

正是在讨论和分享的亲身体验中，学生慢慢了解到读书的益处：

读书的人比不读书的人知道得更多；

我们可以回到很久很久前，生活在古人的世界；

我们可以通过读书生活在陌生而遥远的土地上，接触到平日无法接触的城堡、教堂、寺庙那些历史文物；

我们可以看到世界上五花八门、奇怪的事物，如种类繁多的收藏品、口味迥异的饮食、各不相同的风俗习惯等等；

足不出户，却可以畅游世界；

当我们有困惑，或者有问题时，我们可以到书籍中寻找答案；

我们可以在书中遇到各式各样与我们不同的人，和他们交朋友，与他们建立亲密的关系；

我们可以飞越太空，到无穷无尽的宇宙中探索；

……

当然，更直观的办法，是带领学生到一个阅读氛围浓厚的场所，如书店、书亭，或者参加读书活动，如读书会、新书发布会等。还有一个简单的方法，是让他们收看《中国诗词大会》《朗读者》《悦读会》等电视节目。节目里选手们挥斥方遒、激情澎湃的表现，会让孩子深深感受到读书的无限魅力。

书香校园建设，是天天，而不是一天

4月23日是世界读书日。每年随着这一天的到来，阅读的话题会受到人们的热议和关注。很多学校通过展示、比赛或演出等方式，将读书活动推向高潮。学校在阅读推广上发力，组织活动，确实是一件好事，因为一个人要终身阅读，一辈子喜欢阅读，离不开学校教育。

校园阅读无小事

然而，真正有效的阅读活动，从时间上来说，是一学期、一学年的行动，而不是仅仅为了迎接"世界读书日"这一天的到来，应景而已。一个真正充满书香的学校，是将阅读作为学校教育的核心，将读书活动融入学校日常教育教学中。

从参与人员上来说，也不是只有学生，而是学生、教师、管理人员、校长和家长的一致行动，全体参与。一个学校的校长，是办学思想的领导，是办学行为的领导，在阅读这件事上，更需要校长的亲力亲为和示范引领。确保真实地推动学校阅读是办学者的办学路径之一。一个学校领导应该成为一个走到哪儿将书带到哪儿的领导；成为一个在谈论读书时很兴奋的领导；成为一个愿意向学生敞开心扉，交流阅读心得的领导；成为一个不断将阅读中的收获转化为办学行为、促进学校发展的领导。

鼓励学生阅读，但是，如果教师不阅读，所谓的校园读书活动，只是一场"欺骗"而已。教师只有以读书人的面目示人，才能激发学生热爱阅读，培养"读书人"。如今相当一部分教师缺少阅读习惯，没有将阅读作为安身立命之道，也没有将阅读作为专业发展的必要途径。自然，他们指导学生阅读的能力捉襟见肘，感召学生阅读的影响式微。在家庭里，也是如此，只有家长酷爱阅读，才会培养出热爱阅读的孩子。

从形式上来说，是师生浸润在书香四溢的环境中，自由地徜徉于学校的书海里，全身心地享受阅读带来的快乐，并愿意主动、积极地展示他们在阅读过程中培育的想象力、创造力和理解力。

从内容上来说，要遵循学生阅读和认知的规律，各种类别的书都要涉猎，比如绘本、故事书、科普书、诗歌、侦探小说、童话等等。学生只有在接触各种不同的材料和文本中，才能建构自己的知识结构和阅读矩阵，找到专属于自己的"阅读领地"。这还不够，学生还要有机会阅读符合他们年龄特点的名著和经典，只有在人类的"思想和精神密林"探幽寻宝，他们才能不断地真正地实现精神成长。

阅读不是应景的事，而是每天应该发生的。学校可以为学生制定不同的目标，在完成一定的阅读量或者达到一定阅读能力后给予各种形式的精神和物质奖励。奖励的形式有阅读银行积分、各种级别的勋章、阅读"海拔"高度达标、阅读马拉松等等。学生们会不断超越目标，坚持阅读，这样就养成了阅读的习惯。

校园里的任何一个关于阅读的行为或者措施都不是小事，常常会对学生是否喜欢上阅读产生巨大的影响。校园的阅读文化建设需要考虑人、物和事三个要素。只有当这三者发挥联动共振效应时，阅读才会发生连锁反应，阅读意识慢慢"破门而入"，阅读习惯从此"如影相随"，阅读兴趣"自然而生"。

浸润式环境，让学生感到阅读无所不在

英国儿童文学大师艾登·钱伯斯在《打造儿童阅读环境》一书中说："阅读总是需要场所的。"可见，阅读环境是多么重要。要让阅读的标识随处可见，无论是教室的公告栏，还是学校走廊，甚至学校不起眼的角度，都可以张贴关于阅读的提示或者名言。有时可以巧妙地设计或者嵌入，如将学校的钟设计成书的模样，将走廊两壁设计成书架等等。如此，学生在耳濡目染中接受阅读的教育和感召，时间一久，会把阅读当作自然而然的事。

在校园里，学生还应该能处处接触到书籍。他们在校园里能看到书的地方，不是只有图书馆，而是学校的任何地方，如学校大厅一角、实验室、食堂和花园等。书的类型可以与所在地方的功能匹配，如实验室里放些科普小说或者科技杂志，在食堂里布置关于食物的书籍。这样还会让学生深信：这个世界是由物质组成的，但背后却是知识的支持。校长和老师不要担心书籍会遗失或被破坏，有人看书总比这些书被"束之高阁"积灰尘强得多。

如果说图书馆是学校的"精神圣殿"的话，那在每个教室也可以建设一个"精神圣殿"：班级图书角。老师可以与孩子一起设计班级图书角，包括图书角的标识、书籍的摆放等。老师还可以鼓励孩子把家里的书带来，与大家一起分享，每隔一个阶段，可以调整一些书，使大家经常有新的书可以看。

不要局限于一种图书分类

图书分类是一门严谨的科学，学校图书馆通常会按照标准分门别类地将书放在相应的书架上，但也可以尝试个性化的分类办法，如按照年龄、年级，学生可以尽快找到适合他们的书籍；还可以按照作者、主题、年份等将所有的书放在一起，学生在开展主题阅读和研究时能很快找到所需要的书。

将新书放在最起眼的地方也是一种方法。每个学生都愿意找他们感兴趣的书籍来看。但是人的心理习惯是对新鲜的事物怀有好奇心，所以可以定期替换掉那些破旧的、书角折起的书；经常整理图书馆的书籍，拿走没有人看的书；将最新出版的书陈列出来，或者布置新书介绍橱窗、版面，将市场上最新出版的书介绍给学生。

组织阅读交流和分享

阅读需要交流和分享，可以在全校、全年级或者全班组织学生一起阅读。共读一本书会将所有阅读的人联系在一起，建立情感的联结。大家共读一本书，有益于组织阅读交流活动，学生会惊讶地发现对同一个文本，每个人的理解会不一样，这样会有助于学生同理心的培养。大家提出不同的观点，思想交锋，观点碰撞，也会带给学生新的收获。

全校开展主题式阅读也是不错的方法。学校根据学生的情况、特点和爱好及教育需要，设定主题，组织系列阅读，如野生动物类、人文景观类、童年类、植物类等等。主题式阅读针对某一门类引领学生一起深入研究，帮助他们成为某一方面的专家，或者积累某一方面比较丰富的知识，形成比较深刻的认识。举个例子，"哈利·波特"系列一直受到学生的喜爱，由于是丛书，非常适合主题阅读。学校可以围绕哈利·波特的主题，开展形式多样的丰富活动，如根据书中词汇设计字谜，设计迷你书，完成人物网络图，进行故事剧本表演；在"哈利·波特日"，学生还可以穿着自己喜欢的人物的服装，拿着道具在校园里游行等。学生为了参加这些活动，事先一定会认真地阅读这些书籍，阅读的主动性和自觉性也会大大增强。

学校还可以组织读书交流活动，如好书交流会、故事分享会等，要求学生谈论自己所阅读的书籍。交流活动可以培养学生的阅读效能感和成就感，并通过交流和分享促进理解。互相提问和交流，是检验阅读效果最直接的方法。书籍推荐和介绍活动，可以鼓励学生将最新阅读的书籍介绍给他人。简单的方式就是制作一块"分享我所阅读书籍"的公告栏，学生将自己所读书的书名、作者和特点写在上面。

如今各种社交媒体大为盛行，人们的生活越来越离不开社交媒体，喜欢阅读的人们也会在社交媒体或网络建立阅读交流空间。教师可以鼓励学生定期浏览阅读空间或者交流空间，如写一篇书评，分享在网上，然后看看其他读者的反应，他们的评论和观点常常会给学生带来不一样的感受，提高学生的思辨力。

阅读小举动却有大意义

有时小举动会带来大收获。刚开始上课时，教室里总会有点吵闹。老师可以通过谈论阅读或者组织语言活动，让学生安静下来，如分享阅读中给人留下印象最深刻的一句话，说出一件最令人惊讶的事情，讲一个笑话，朗读一首古诗词，分享一个典故等等，尽管这样的阅读行为微小，却让学生感受到阅读无所不在，收获快乐和收获知识总是那么简单。

朗读是一件美妙的事，是引导学生进入阅读状态的好方法。因为朗读时的声音、表情和神态等，使得文本内容更立体、多元和丰富，也会带给听众更多的体验和感受。在每天一大早、晨会、上课一开始等时间，都可以安排朗读，将学生带到阅读的美妙世界。

打开学校大门

邀请作家或者图书作者到学校来交流，对于学生来说，能够与他们面对面地交流是非常令人激动的事。听听一本书写作的故事，了解作家的写作经历和成长故事，这些会带给学生阅读的亲切感，而且有助于他们对书的理解。除了面对面交流，还可以给作者写信，告诉他们阅读过程中的快乐、痛苦及困惑等，从而在读者和作者之间建立联系。

听惯了老师朗读或者同学间交流阅读，邀请社区人士到学校参加交流活动一定会让学生很兴奋。警察可以朗读有关侦探的书籍，运动员可以朗读有关体育的书籍和体育人士的传记，科技人士可以朗读科普文章等等。行业人士朗读或讲述他们的故事，会让学生产生更深刻的印象。而且，行业人士会结合他们的工作谈阅读体会，会将文本内容与真实世界联系得更加密切，帮助学生更深入地理解内容。

培养成就感和自豪感很重要

《大量阅读的重要性》一书讲道："美国内华达大学有一个研究报告，研究调查的对象包括了27个国家共7.3万名学生，目的在于调查他们受教育的时间长短。调查发现，家中有藏书的孩子，大学毕业的比率比起家中没有藏书的孩子，多了20%。另外，家中藏书量若超过500册以上，孩子受教育的时间也平均多出了3.2年。"调查表明家庭的书籍拥有量与孩子的成就存在一定的关系。学校和家长应该鼓励学生在家庭经济条件允许的情况下买书，并开展阅读。学校可以组织教师和学生在校园里摆书摊，开展书籍交流、流动、交换和展览等活动。在活动中学生如果有书可以展示、交流，会有一种自豪感。交换书籍，会使书流动起来，让更多的学生能够读到更多的书。

要读好书，是阅读的重要原则之一。每年不少机构和报纸会开展类似"最佳书籍""最受欢迎"之类的书籍评选活动，为读者提供有价值的书。很多人也养成了根据书单阅读的习惯，这不失为一种信息爆炸时代下便捷的阅读方式。学校也可以组织全校师生开展年度最佳书籍推荐活动，先让大家把自己阅读过的、喜欢的，或者认为最佳的书介绍出来，列出候选清单，并组织大家评选。学校还可以举行年度最佳书籍新闻发布会，让推荐者上台介绍书的内容。次年学校组织师生阅读那些最佳书籍，这样阅读活动质量会更高，更加符合老师和学生的兴趣。

高质量和丰富多彩的活动，必然会产生形式多样的阅读衍生品，也就是阅读成果。这些阅读成果包括读后感、阅读报告单、阅读推介单、故事人物图像、故事情节时间图、迷你书、读后感、剧本、人物服装制作，等等。学校决不能忽略这些阅读成果的教育价值和作用，应将它们贴在学校和教室的墙上，展示出来。

当学生在校园里看到他们的阅读成果时，他们的阅读兴趣和热情会高涨起来。与此同时，阅读他人的阅读成果本身也是阅读的一个方式，是提高阅读效果的有效方式。

阅读能力的评价，不仅仅是一张试卷

说起阅读能力的评价，我们常常想到考试，试卷上一题又一题的阅读理解，如文中加点词有什么作用，从人物的语言、动作、心理、神态等分析人物性格，文中的环境描写烘托了怎样的气氛，表达了主人公怎样的思想感情……这些试题考查学生对文本的理解分析和鉴别能力，通常是终结性的评估。可见，定量式和判定式的评价方式牢牢地占领了我们的阅读教学阵地。

阅读评价，走出标准答案的泥潭

学生在试卷上答题，只是展现了他们对于某一文本的理解和思考，却无法展现立体、真实的阅读能力。更为糟糕的是，很多阅读理解题考察的是学生对命题者出题思路的揣摩和迎合能力，而不是对文本的本质涵义的理解。多位作家和文章作者曾经尝试回答那些针对他们的文章设计的阅读题，令人啼笑皆非的是，他们的答案与标准答案相差甚远。

学生在阅读过程中的思维是如何变化的？他们碰到阅读困难如何应对？学生的阅读视线习惯如何？学生的文字解码能力如何？……干巴巴的答题文字无法反映学生的这些情况，然而恰恰正是这些表现，关乎学生的阅读品质，关乎他们是否能够成为真正的阅读者。

所以，要真正培养学生的阅读能力，需要走出阅读理解标准答案的"泥潭"，实现三个转变。第一个转变是学生在阅读评价中的地位，课堂教学的主体应从教师转为学生，从文本转为学生。阅读评价的出发点是学生，而不是命题者的意图。第二个转变从单一性评价走向多元性评价，不局限于"字词的考核""根据文本内容填空""阅读理解题"等文字输出型，还要对学生的阅读思维、习惯和方法，以及与他人的合作能力等诸多方面开展评估。在形式上表现为阅读过程的评价、形式多样的输出活动、读写结合活动等等，体现学生阅读视角下的情意发展、个性发展和习惯培养。第三个转变是强调评价的过程性，将平时课堂上学生的阅读表现也作为阅读能力评估的重要内容。阅读评价不仅仅有甄别性和选拔性，还有增值性和发展性。通过评估了解学生的阅读能力和表现，并针对学生阅读过程中表现出来的问题，教师提供相应的个别化指导和帮助，使得学生能在阅读现场及时改进。

"指导式阅读"模式的教师评估和干预

美国阅读教学提倡阅读的过程性评价，重视评价的激励和改进作用。在实施阅读教学活动时，阅读评价不仅仅是指阅读结束后，对学生掌握文本知识和理解文本进行了解，而且是将评价贯穿于整个教学过程中。他们提出了一种教学方法，叫 guided reading，可以称为指导式阅读。

在阅读开始前，教师会了解学生的阅读水平，将水平相同或相近的学生分在一个组，然后提供与他们水平相符的书籍。教师还开展铺垫式和引导式教学活动，带领学生开始阅读，如激发他们有关主题的原有知识和经验、鼓励他们预测故事结局、通过简单地总结故事情节铺垫场景、介绍新单词、阐明阅读教学目标等等，这样为接下去的课堂阅读和阅读观察打下基础。

在阅读过程中，教师需要观察和记录学生的阅读行为，评估他们阅读策略的使用情况，对他们的表现进行打分；与此同时，教师与学生开展交流，结合文本提出有针对性的问题；有时会有一对一的对话和倾听，评估和检测学生的理解能力和表达能力。当学生的阅读行为出现偏差，教师会予以指导和干预，帮助学生调整阅读行为。如果学生阅读理解遇到障碍时，教师会引导学生借助文本的信息，如图片、表格、重复的词汇、背景等等，正确理解文本。在对话式和观察式的阅读教学中，教师需要第一时间给学生提供反馈，肯定他们的努力和成功，并引导他们达到教学目标。活动结束后，教师还可以用多种形式评价学生的阅读效果，如请学生口头复述、用自己的语言总结概括文本内容、完成阅读故事单等等。

指导式阅读的根本目的是评估学生在阅读过程中的表现，在此过程中，教师适时发挥指导作用，指导学生如何正确阅读，矫正错误的阅读行为，合理使用阅读策略。显然这种方法对于阅读行为和习惯的培养以及阅读策略的应用，其效果远远大于只对文本内容的关注。教师还会从学生的不同情况出发，制定不同的课堂教学目标，进行有针对性的监控、观察和指导。针对低年级孩子的指导更多的是阅读基本习惯和方法，甚至是观察如何拿书，阅读时目光如何变化，看到生词是如何反应的。而对高年级学生的观察更多在于文本深度的思辨和分析，以及主动提出问题的能力。

评估的纬度可以灵活组合

美国国家阅读委员会为学校 K-12 阅读课程体系制定了五个阅读要

素，包括拼音、流利度、识字、词汇及理解能力等，是根据英语的语言特征制定的。他们的指导式阅读课就是围绕这五个方面，观察和评估学生的行为表现以及相应的结果。检测指标比较丰富，涉及阅读习惯和能力的方方面面。

（1）阅读习惯：从书的封面一直看到封底；从头开始，一页一页地翻；先浏览标题或书名；看完前一页的最后一个单词才翻到下一页；一个单词一个单词地看。

（2）图像（图片）分析：有意识地观看图像（图片）；借助图像（图片）阅读文本；根据图像（图片）预测；阅读图像（图片）中人物的脸部表情；推理图像（图片）发生的内容；理解图像（图片）的内容；解释图像（图片）与文本如何联系。

（3）理解技能：能提炼文本的主旨大意；分析因果关系；总结；推理；区分事实和观点；区分现实和虚幻；使用上下文的文本信息；给文本下结论；理解比喻意义和字面意义；理解人物特征；确定背景和情节；知道故事发生的正确顺序；使用佐证性的事实；可视化理解；确定相关性和重要内容；主动提出问题。

（4）解码技能：读懂高频率词汇；在阅读时能够对 CVC、CCVC、CVCC[①] 等结构的词汇解码；将复合词解码拆分；借助元音或组合辨识生词；应用词汇合成法，辨识和学习生词；使用现在分词和过去式等词法知识辨识和学习生词；使用文本线索、图片辨识和学习生词；从左到右扫视，检索出新单词；结合句号、问号、引号、感叹号等标点符号朗读；根据单词的重音朗读。

（5）文本线索：阅读时理解新词的意思或者意识到理解发生困难；理

---

① CVC，指的是按照辅音+元音+辅音组成的英语单词。CCVC，指的是按照辅音+辅音+元音+辅音组成的英语单词。CVCC，指的是按照辅音+元音+辅音+辅音组成的英语单词。

解发生歧义或困难时停下来再回顾文本，找到理解的错误之处；意识到单词读错了；用熟悉的词汇合理代替新词汇；使用猜测和核对的方法；往前阅读，理解新词汇；借助图像理解文本。

（6）流利度：按照一个单词接着一个单词的节奏，以稳定的速度阅读；在标点符号的地方停顿；阅读时留意音标或拼音；能够流利地阅读；正确地阅读；有合适的阅读速度；使用正确的解码方法；句群间会适当停顿；量化测试朗读流畅度，如每分钟正确词汇量、正确率、自我纠正率等等。

（7）回应文本：作出合理的预测；将个人知识和经验与文本联系起来；将背景知识与文本联系起来；对文本作出回应和反馈（自我提问）；想象和联系；预测接下来所发生的；复述文本的某个部分；(老师知道)学生喜欢什么，不喜欢什么；讨论词汇；描述喜欢的部分或人物角色。

教师在设计指导性和评估性阅读教学时，可以选择其中若干技能作为教学目标和评估纬度，制定观察单。在课堂上教师提供合适的阅读材料，组织学生阅读，或者让学生朗读，然后现场评估和指导。如果文本不同，如科普读物、说明文等非虚构材料，教学目标和评估纬度也有所不同。如此的阅读模式较为关注学生的课堂表现，评估指标也较为全面，包括学生阅读的参与度、阅读合作情况、阅读策略使用情况等，目的是培养学生学会阅读，养成良好的阅读习惯、方法、品质和能力。

指导性阅读是最近发展区理论的实践

苏联教育家维果茨基提出了"最近发展区"理论，为儿童教育和认知领域的研究提供了经典的参考。他认为学生的发展有两种水平：一种是学生的现有水平，是学生能够独立解决问题的水平；另一种是学生可能的发展水平，也就是经过教学或支持达到的水平。两者之间的差异就是最近发展区。教学应确定学生的最近发展区，为学生提供合适的教学，使得学生超越其最近发展区而达到高一级的水平。

最近发展区理论对于阅读教学也具有指导和实践意义，学生在选择阅读文本时，要挑选适合或略高于他们阅读能力的材料。如果文本太容易，对提高他们的阅读能力无济于事；如果太难，学生读起来艰涩枯燥，难以坚持。颇受阅读界关注的分级阅读就是让学生能够找到与他们阅读能力相符的材料，在不断地突破阅读能力最近发展区中提高阅读能力，这是一种比较有效的个性化、阶梯式的阅读教学方法。

在指导式阅读的课堂上，教师通过观察和与学生交流，评估学生阅读能力，这是对学生阅读能力起点的确定，也就是学生的原有水平。教师在学生阅读过程中不断提出问题，学生不断回答问题，通过这一循环过程引导学生、鼓励学生，并给予他们指导和帮助，帮助他们向下一个阶段的阅读能力发展。教师在一节课上了解到学生的学习状态、能力、水平、习惯等，为下一节的教学提供了依据和参照，学生通过一次又一次的超越阅读能力最近发展区，阅读能力不断提高。

好文章是需要
一读再读的

要培养学生的阅读能力，泛读和精读这两个方面必不可少。泛读胜在阅读量上，学生每天坚持，阅读各种各样的书籍，"无心插柳柳成荫"，阅读能力的提高自然水到渠成；精读贵在思维，深耕文本，学会分析、评价、综合和鉴赏，这样的阅读对于培养学生独立思考能力和批判性思维极为重要。精读的本质是对文本一次又一次研读，从而抵达文本深处。

经典是需要反复阅读的

卡尔维诺（Calvino）在《为什么读经典》中是这样定义"经典"的：经典就是这样一些书，它们对读过并喜欢它们的人来说，构成一种宝贵的经验，但是对那些保留这个机会，等到享受它们的最佳状态的人来说，它们仍然是一种幸福的经验。经典之所以经典，在于对任何人来说都是"宝贵的经验"，是对人生和世界一种反思和探索的经历，也是一个民族的文化标签和精神原色。

经典读一遍是不够的，一部经典作品就像是茂密的原始森林，幽深、广袤、神秘。原始森林藤蔓缠绕的参天大树直直向高空挺去，高低不同的树冠编织的枝云遮天蔽日，冷不防蹿出来种种珍稀动物，表面平静却深藏凶机的沼泽地……哪个人敢说，去了一次原始森林，就了解了全部？一部经典也是如此，枝枝节节的人际关系，幽深复杂的人性特点，超越时空的人类价值，独特鲜明的表现手法，在不同的时空中，人们总可以从中觅到新的感受和体会。所以，卡尔维诺还说：经典作品就是那些我们正在重读而不是正在读的书。

有时经典还可能成为一个人的精神图腾。当一个读者邂逅一部心仪的经典，通常会对其产生情感上的依赖和思想上的迷恋。当他无助、困惑、迷茫的时候，他会一次又一次地阅读他奉为圭臬的经典，从中找到支柱和依靠。某种意义上，这部经典是这个读者的精神原乡。

经典不仅本身蕴藏着一般作品无法替代的价值，而且，读者在一遍又一遍的阅读中将他独特的感知和经验与文本联系起来，还会产生新的化学反应和认识视角，进而产生绵延不绝的情感体验和愈加丰富的思想认识。张汝伦说过："对于一个真正有思想能力和发现能力的人来说，所有的经典都是他那个时代的经典。"

朱光潜曾说过，关于读书，"只有两点须在此约略提起：第一，凡值得读的书至少须读两遍。第一遍须快读，着眼在醒豁全篇大旨与特色。第二遍须慢读，须以批评态度衡量书的内容。第二，读过一本书，须笔记纲要精彩和你自己的意见。记笔记不但可以帮助你记忆，而且可以逼得你仔细，刺激你思考。记着这两点，其他琐细方法便用不着说"。

文本精读：冷读、暖读和热读

经典是需要一读再读的，课堂上的精读也同样如此。学生仅读一遍，通常是感受不到文本精髓的。尤其是语文教学还承载着"语言、思维、审美和文化"核心素养的提升任务，仅靠阅读一遍就达成这么多目标是很不现实的。阅读认知规律也告诉我们，阅读者常常是从文字解码开始阅读文本的，而不是一拿到文本就立马能深度阅读。

如今在美国，文本精读（closing reading）可谓是英语课堂无可替代的主流阅读教学方法。原因一则是由于美国课堂对学生思辨能力的重视，二则应归功于美国《州共同核心英语课程标准》的颁布。新版的课程标准的重要变化之一，就是提出了"提高文本复杂性"的要求，通俗一点讲，学生要多读经典，读那些思想深邃、句意复杂的文章。文本复杂性提高了，对学生阅读能力的要求也水涨船高了，不再是信息至上，而是思维至上。

这一要求体现了美国对深层阅读的重视：要求学生仔细阅读文本，进行批判性思考，从文本自身找到回答问题的证据；旨在培养学生的阅读理解能力、思辨能力、分析能力和批判性思维。他们希望以此来引导学生在阅读时不要囫囵吞枣、不求甚解，而是有方法、有目的地在阅读中锻炼思辨能力。

在美国课堂的日常教学中，精读就是多次阅读一篇文章或一本书，通过分层次地分析词汇、情节、结构、观点等，了解文本中更深层次的含义。阅读次数上，一般以三次阅读为相对固定的模式。每一次阅读的目的、要求各有侧重。

1. 以文本内容为主

学生第一遍阅读的任务是理解文本内容，侧重读懂和理解文本中的生词或概念，关注主要细节，把握主要思想。他们要回答诸如此类的问题：谁在讲述这个故事？这个故事是关于谁的？有哪些角色？故事背景是什么？故事的内容是什么？故事里的角色是什么样的？故事的起因是什么？这个故事的主旨是什么？故事的转折点在何处？这些问题的答案属于事实性的知识，在阅读理解上指向信息提取和确定能力，学生只需"按图索骥"即可。

2. 以文本结构为主

第二遍阅读的任务是理清文本结构、情节关系等，理解作者写作目的。教师指导学生重读全文或文本中的关键部分，以便更好地理解文本中各种语言和结构的应用方式。读完后，教师会要求学生完成一些关于时间线、因果关系、人物特点、故事要素、问题和解决方法、作者旨意、故事地图等的任务单，引导学生理解文本结构和故事情节发展脉络。

教师还会就针对性问题搭建支架，如：文本主旨是什么？哪些词在文本中反复出现？重复起到了何种效果？文本结构是如何组织的？是按时间的先后排序吗？冲突和问题是如何解决的？起因和结果是什么？文本中的比喻是如何促进你理解的？运用了哪种文学技巧？是如何表达效果的？作者为何选择这个单词？在文本语境下这个单词是什么意思？……

第二次阅读时，教师要求学生用不同颜色的笔在文章中批注。如果说阅读问题的思考和回答是集体阅读、统一思考的话，那批注就是个性化阅读的过程，学生边读边写下自己对材料的感受、理解、评价和质疑，有时还会把自己的问题列出来。如果空间不够的话，学生会把批注写在便利贴上。批注作为精读的一种方法，有利于学生良好阅读习惯和方法的培养。

3. 挖掘文本深层内涵

在理解文本浅层的内容后，就进入第三次阅读，主要目的是挖掘文本的深层内涵，运用相关阅读策略加深对文本内容的理解，并锻炼学生的评估、联想、创造性等思维能力。

此时的问题是：阅读此文后，你想到了以前的什么文章？两者之间的差别在哪里？文章主题是什么？所要表达的宏大意象是什么？作者的观点是什么？这个故事对于你来说具有何种意义？文章是如何影响你的人生观和价值观的？你知道还有其他类似的文本吗？对于这个文本，你还有什么新的问题要提出吗？你学习到了什么？打算如何与他人分享？你对文本所讲到的话题持何种观点？

显然，在第三次阅读教学中，教师专注于引导学生对文本内涵的挖掘、文本情感的提炼和更深层的评价，突出了学生作为阅读者主体的地位。通过一些课堂讨论互动，以及开放式的主题研究或实践活动，教师引导学生思考文本中的深层含义，阅读和整合来自多个文本的信息，将文本与自身、与世界或其他文本相联系，锻炼学生的思维和实践能力。学生在使用比较、对比或联接等阅读策略时，锻炼了语言输出能力和高阶思维能力。就这样，学生在一次又一次的阅读中抵达文本的深处，与文本积极地开展对话，然后建构自己的思想和认识。

也有美国的教育专家将三次阅读形象地比喻为冷读（cold read）、暖读（warm read）和热读（hot read）。一开始，文本对于读者是冷冰冰的，毫无情感和共鸣，经过一遍又一遍的阅读，由于情感的共鸣和对主旨的理解，学生已经完全融入文本的意境，变得热血沸腾，文本也融于学生的骨肉，变得"炙热"了。

《哈里森·伯格朗》的三次阅读

《哈里森·伯格朗》是美国"黑色幽默"小说家库尔特·冯内古特（Kurt Vonnegut）的一部反乌托邦的、讽刺绝对平等的短篇小说，主题和文字充满了阴暗、悲观、绝望。

在阅读这部作品前，教师先组织学生进行头脑风暴，思考并讨论了以下问题：为什么有人喜欢比较或竞争，而有人不喜欢？比较或竞争在哪些方面伤害或帮助了你？你会设立什么法律条款使得美国所有人更平等？我们为何喜欢看到有特殊才能的人如运动员、舞蹈家的表现？……这些问题激活了学生的个人生活经验，并将之与文本建立联系。当孩子们将文本内容和自我生活联系起来的时候，会比较容易与文本中的人物产生共鸣，对文本产生浓厚的兴趣，对文本的理解也就更深入。

在整个阅读过程中，教师安排了三次阅读任务。在第一次阅读中，先是由教师朗读故事，然后组织学生讨论和分析那些容易产生歧义的词语，并让学生口头解释"悲剧"的含义。大声朗读（Read aloud）是一种行之有效的阅读方法，首先，文本中有些文字可能会给孩子带来阅读上的障碍，如果由教师把故事讲给孩子听，这种障碍就会大大减少；其次，绘声绘色的朗读更容易把学生带入故事情境，激发兴趣，使之产生丰富的联想。

第二次阅读时学生是主角，学生自己默读、批注。默读也是一种自由阅读，是阅读的一种重要方式，是学生与文本对话的一种独特形式。在默读过程中，学生遇到自己不理解的地方可以结合上下文反复多看几遍，可以停下来思考、质疑、释疑，有效提高思维能力和理解质量。

第三次阅读要求学生能全面、深刻、准确地把握内容并对文本进行综合分析。学生被要求回答以下三个问题：主人公为何宣布他自己是国王？作者为什么让残疾的将领打败伯格朗？2081年的社会，为什么不可能有公正和和平？

最后教师提出几个问题，让学生开展讨论：平等和个性之间到底是什么关系？当人的个性被压抑，作为个体的身份被抹杀，其他的差异还值得一提吗？谁又能说这不是一种"平等"呢？这些辩证式和批判性的问题引导学生对文本作出多角度的思考和分析。

这样的阅读方法与古人提倡的"读书百遍，其义自见"异曲同工。一篇文章，多次阅读，不仅在数量上提出了要求，而且每一次阅读教学又采用不同的阅读方法和策略，目标指向不同，对思维的要求也不同。同时，问题和活动的设计从闭合走向开放，从文本本身走向读者个体经验，从信息的提取到文本的评价和整合，有效促进了学生思维的发展，值得我们借鉴。

虚构类文本阅读，远远不能展现阅读的完整世界

"读什么样的书？""向孩子推荐怎样的书？"这些是阅读教学和推广活动中经常遇到的问题。检视一下如今流行的阅读书目或者书单，或是观察课堂里的阅读教学，我们不难发现以下问题：学生的阅读面比较窄，主要集中在小说、故事、寓言等虚构类文本，鲜见非虚构类文本；在教学方法研究上，关于非虚构类文本的教学方法和指导严重缺失。

阅读，不仅仅是看小说

一个人如果只吃一种食物，时间久了就会营养不良。阅读，也是同样的道理，不能拘泥于某一种类型的书籍，而应该广泛涉猎，如此才能在积累阅读量的基础上，拓展知识面，进而提高阅读能力。一个真正喜欢阅读的人，断不会将自己关在某个单一、狭窄的文本空间里，而是对各种类型的书籍都充满了好奇和热情。

比尔·盖茨就是一个博览群书的人。他从小就酷爱读书，九岁已经读

完了百科全书。他知识广博，精通天文、历史、地理等学科。有意思的是，他所崇拜的股神巴菲特也同样阅读量惊人。

文学世界，更多的是人文、美学、人学；而科普、新闻、杂文、说明文、博客、人物传记等等是更广阔、真实的生活世界，信息极其丰富。我们在引导学生阅读的过程中，应为其提供不同种类的书籍，逐步扩大他们的阅读视野。

在阅读启蒙阶段，把孩子领进阅读大门的，往往是那些美丽、轻松、有趣的童话故事。然而，随着年龄的增长，阅读内容和种类都需要逐步增加。尤其到了小学后半阶段，孩子的好奇心比较强，这时应该多接触科普、历史、地理等方面的书籍，一旦他们产生了"世界上竟然有那么多不一样的东西"这种想法，阅读和探索的大门也就随之打开了，探索世界和学习的欲望也就会变得更加强烈。在探索中他们会找到与世界的连接，这是阅读最大的意义。

非虚构文本阅读能力是阅读素养的重要部分

我们的阅读短板还可以从一次测试结果中窥见一二。2009年，我国上海初中生首次参与PISA阅读素养测试，测试成绩位居第一。从测试的分析结果来看，上海学生虽然成绩不错，但优势集中在散文、小说等连续性文本的阅读方面，而在非连续性文本、非虚构类文本或者信息类文本的阅读中，学生的表现相对薄弱。

这一分析结果折射出我们在阅读文本种类、课程体系和知识、阅读教学指导等方面的不足。尤其在数字阅读日渐普及的今天，由于数字阅读的内容是由非连续性文本和连续性文本交叉构成，因此我们要更加重视非连续性文本、非虚构类文本的阅读。

在这个方面，美国也曾走过弯路，在某个阶段将重心放在虚构类文本的阅读上。针对这个问题，美国教育部专门发布了"非虚构类读书革命"（The Nonfiction Revolution）行动倡议，倡导学校扭转阅读比重，切实改变虚构类文本占比过高的现象。美国《州共同核心英语课程标准》强调：学生们不仅要提高虚构类文本的阅读能力，还要提高非虚构类文本的阅读理解能力。《标准》在数量上明确规定，小学阶段初期虚构类文本阅读量达到 70%，非虚构类占 30%；到了初中，虚构类和非虚构类文本的比例各占 50%；进入高中阶段，非虚构类的比例则增至 70%。

他们认为，当学生的阅读习惯一旦养成，阅读非虚构类文本的比重就应提高上去。相对虚构类文本，非虚构类文本阅读会迫使学生离开"阅读舒适区"，在各类书的阅读中磨砺大脑，提高阅读能力及生活能力。

PISA 在 2018 年是这样定义阅读素养的："阅读素养是为达到个人目标、增长知识和发展个人潜能及参与社会活动而对文本的理解、使用、评价、反思和参与的能力。"无论是出于发展个人潜能还是参与社会活动的目的，非虚构文本阅读的能力都尤为重要，这不仅关乎个人的阅读能力，还体现了阅读的社会功能。

紧紧抓住文本特征，有的放矢

之所以将虚构类与非虚构类文本区别开来，是因为这两者的文本结构和特征存在天然的不同。对于学生的阅读方法和要求，非虚构类文本与虚构类文本有着很大的差别，因而在阅读指导上也应有所区别。

非虚构类文本承载着较强的功能指向和工具意义，我们称之为功能性特征。如：这些文本的目录比起小说的章节目录更为明确，提供给读者的信息量更大，更有利于学生对于整本书框架的把握。功能性特征还包括标题、术语表、侧边栏、列表、索引、文本框、示意图、带说明的照片、插图、表格、地图、时间线，甚至粗体字和斜体字，每一个都有独特的涵义。

与此同时，非虚构性文本在文本结构上也有其鲜明的特征，一般来说，具有以下五种文本结构：

（1）解决问题：先提出一个问题，然后提供不止一种解决方案。生活中的广告、小册子就是此类文本。

（2）起因与结果：描述一件或多件事情，其引发的结果有好有坏，甚至可能存在多个起因和结果。报纸上介绍火山爆发及其对所在区域航班和旅游业的影响的内容就属于此类文本。

（3）比较和对比：目的在于说明两件物品有何异同。商店里的促销广告，或者相似产品的广告，就是此类文本。

（4）说明或清单：针对某个特定的群体提供许多信息或事实清单。例如，足球教练告知家长应该为孩子挑选哪种防滑足球鞋就是此类文本。

（5）顺序或序列排列：文本中的信息以一定的顺序组织排列。生活中的菜单、指南、历史事件等都属于此类文本。

对于文本特征的把握和理解是阅读非虚构类文本的开始。只有了解掌握了文本特征，才能正确地获取信息，有效理解文本内容。

学科阅读不可或缺

美国高中学生非虚构类文本阅读量达到 70%，在这个数字的背后，学科阅读，包括历史、地理、物理、化学等学科中的阅读，作出了重大的贡献。美国非常重视培养学生与历史、社会、科学等学科文本相关的读写素养，美国母语标准除了规定"阅读、写作、听说、语言"四大领域的教学要求之外，还对历史/社会学科、科学/技术学科的读写素养制定了相应标准。

在美国，阅读素养的培养作为一项课程学习内容，不仅仅依靠英语老师的语言课程，其他学科也同样负有责任。学生必须从小学习各种非虚构类文本，如论文、演说、评论、新闻、科技文章、历史等。

浸润在这些文本中，对于学生研究能力的培养以及个人学业成就和工作能力的提升，具有重要的作用。当学生步入大学殿堂后，需要查阅和研读大量的文献资料，如何在海量的资料中快速找到重点和关键，这一阅读方法和技巧若能从小练就，其研究能力就会远远高于那些在基础教育阶段很少接触非虚构类文本的学生。ACT（美国大学考试）研究人员就曾表示："作好了大学准备的学生，与没有作好准备的学生，他们之间最鲜明的区别就是——理解复杂文本的能力。"

学科阅读的作用还体现在促进学生对学科本质的把握和学习。以科学为例，首先，一份科学阅读材料或者读物，是以核心概念为中心，向外辐射，其内容的选择和编排都为核心概念服务。科学阅读有助于学生建立大观点或大概念，能够促进学生对于某个概念的深度理解。其次，科学阅读有助于学生建立时空概念，从科学研究和发展的时间维度建构知识体系。再次，科学阅读材料通常会介绍科学是如何解决生活中的问题、如何与现实生活密切联系的。大量的科学阅读能帮助学生学习科学知识和方法，认识到科学与社会生活息息相关。

著名教育家苏霍姆林斯基曾担任物理学科教学，执教期间，他给学生准备了很多物理书籍，设立了一个包括55种图书的书架，供学生在学物理时查阅。这些书籍会随着教学内容的变化而变化，若某一时期教授的知识相当复杂，他就会对书目加以调整，推荐给学生阅读的书也会更加有趣。久而久之，他发现，学生的思维积极性、学习物理的主动性都变得高涨起来，向他提出的问题也变得更丰富了。

此后，他把同样的方法用于高年级生物学。当学生第一次学习如新陈代谢、有机体生命、生物、遗传等科学概念时，他做的第一件事，是从科普杂志、书籍和小册子里，为他们精心挑选相关的阅读材料。这些材料开启了学生学习科学概念的大门，也激发了他们的学习兴趣。对于苏霍姆林斯基的学生来说，科学阅读成为了他们学科学的重要部分。

横看成岭侧成峰：
阅读中的洞察力培养

奥地利社会哲学家、文化革新者鲁道夫·斯坦纳（Rodolf Steiner）曾说："教育的根本目的在于唤醒人们在生命和生活中真正的洞察力和判断力，只有唤醒这种能力，才能走向真正的自由。"洞察力和判断力对于学生探幽生命真谛，感悟人生幸福至关重要。培养学生的洞察力也是阅读教育的使命之一，能使学生从纷繁复杂的人生和社会现象中拨开迷雾，透过现象看到本质，获取定力和洞见。

横看成岭侧成峰

处于迭代时代的今天不同于以往，各种文化、思潮层出不穷，处于"群涌而上"的状态，各种社会现象错综复杂。任何一种观点或现象常常蕴含着多种视角和成因，对它们的解读往往依赖于一个人的文化背景、成长环境和人生阅历。

有个故事，名叫《锁麟囊》，在中西方不同的文化视域中呈现出不一样的视角和立意。这个故事讲的是古代登州一大户人家的小姐薛湘灵出嫁，途中于春秋亭避雨，恰巧又来了一乘花轿，轿中为贫家女赵守贞，因感怀身世凄苦而啼哭。薛湘灵得知情由后以装满珠宝的嫁妆锁麟囊相赠。之后，两人各赴夫家。六年后登州发大水，薛湘灵与家人失散，漂泊到了莱州，应募在卢员外家照看孩子。一日，湘灵偶然发现锁麟囊，不觉感泣。原来，卢夫人即贫女赵守贞。卢夫人一番询问，才知薛湘灵即是当年的赠囊人。于是，卢员外夫妇设宴礼敬，并助其一家团圆。

如何解读这个故事？在中华民族的文化视域中，从两个女人的戏剧性命运起伏，我们可以看到这个故事讲的是"仗义怜贫""感恩图报""善有善报"的传统道德，也可以感悟到"顺境不得意，逆境不失意"的励志鸡汤，也可以体会到"好花不常开，好景不常在""世事无常"的生活哲理。

无独有偶，《锁麟囊》是美国一套小学英语教材中的阅读材料。这篇文章位于"做好事（Doing the Right Thing）"单元，这个单元所有的材料围绕"什么使人们想做好事"的大问题开展讨论和学习，引导学生讨论主人公是如何决定做好事的，个人观点如何影响她判断所看到的，个人观点是对还是错等问题，探讨和学习一个人做好事的原因。选编教材的立意是鼓励学生分析做好事的原因，并学习去做一个好人，价值立意是"善"字。当一个美国人表扬别人时，他们最常用的词就是"nice"或"friendly"。从中我们领悟到对作品的解读与学习离不开社会文化的映照。

从多种立场审视教育现象

教师的洞察力也尤为重要。当我们谈论教育时，我们要从教育本质审视问题，否则我们看不到现象背后的问题所在。教育一直在呼吁专业化，唯有专业，教育才能回归到本质，符合办学规律。

再举个案例，去过美国考察的老师经常会谈到一个课堂现象——"发传单现象"：老师和学生上课不用统一的教材，所用的教学内容往往是从报纸、网络、名著，甚至是广告上节选的材料，一会儿一张，过一会儿又一张，就像发传单一样。

如果缺乏洞察力，我们常常将之当成"现象"，不一样的"现象"而已，仅此而已。但是当拥有洞察力和判断力时，我们会将之作为研究的"视角"和思考的"爆点"，如没有教材，美国课堂如何落实国家或州课程标准，教师选择教学内容的依据是什么，课堂前后内容衔接是如何体现的，教师团队力量如何在教学内容选择上发挥作用，量化评价和定性评价如何体现，等等。如此一来，研究和看待教育的视角变得丰富多样，理解这一现象就变得容易得多。

审视、分析和解读一个教育现象，要具有深厚的教育思想和多元的视角，如课程观、师生观、方法论、教材观、价值论、认识论等角度。教育一旦发生，无论是好还是坏，一定会隐藏着某种教育哲学和理念，而这样的哲学和理念必然受到多种元素和主张的影响。所以在没有教材的美国课堂，其课程观是课程学习源于生活，为了生活；教材观则是最好的教材和鲜活的资源来自生活；教师专业观是教师必须具有统整课程和处理教材的能力；方法观是不同的教学内容意味着不同的教学方法，从教的逻辑回到学的逻辑。

看待今天很多教育的问题，也需要多种视角。很多情况下，教育问题不仅仅是教育的问题，还有社会问题、政治问题、经济问题、历史问题、家庭问题、文化问题……当我们带着这样的视角看待教育现象时会目光如炬，内心如镜。

要有洞察力，经典阅读和跨界阅读必不可少

要有洞察力，阅读和思考必不可少。学习和阅读是积累的过程，教师

一定要博览群书，多读经典之书，且多读杂书。教育经典之作会提供教育的正源和价值体系，在那儿我们总能找到教育的精神原乡和灵魂归处。一本《给教师的建议》，精炼的语言、闪光的思想、深入浅出的讲述，一直滋养着数以万计跋涉在教育原野上的人。因为是经典，历久弥新，在历史的长河中总会绽放出绚丽夺目的光芒和色彩，让我们"暮色苍茫看劲松，乱云飞渡仍从容"。

很多大家还提倡读杂书，杂书如同广袤大地上的溪流，汇入大江大河，给我们带来欢腾的思想清流，时时升级我们的认知系统。世间万物，息息相关。哲学的、经济的、文化的、医学的……，无论哪门学科都会为我们认识教育提供养料和智慧。

北京十一学校校长李希贵曾经推荐过他读过的十本书：《掌握人性的管理》《经济史中的结构与变迁》《马斯洛人本哲学》《领导学》等，这十本书从狭义的角度看，没有一本书是教育管理书籍。然而，李希贵从这些书中觅到了学校管理的真谛，如"让每一个人都感觉自己很重要""要防止路径依赖"。

叔本华说过："比读书重要的是思考。"在信息空前爆炸的时代，我们缺少的不是信息和书籍，缺少的是洞察力、思考力和判断力。信息化和多元化时代的洞察力是什么？是学会在海量的信息中甄别有价值的信息，学会在有价值的信息中提炼有洞见的观点，学会用有洞见的观点改造我们的教育生活和学生思维结构。

"冬日系"阅读，
阅读的不仅仅是冬天

四季轮回，岁月更替。每到冬天，窗外飞雪飘飘，寒风施虐，此时蜗居在温暖的室内，读一些有关冬天的书籍，在读书中倾听大自然的声音，领悟自然的生存哲学，感受亲情友情的温暖，也有别样的感觉。

阅读大自然的脚步

只有熟悉大自然的人，才会热爱大自然。古人说"春播，夏长，秋收，冬藏"。大自然就这样不紧不慢地在自己独特的节奏中运行。身处钢筋水泥丛林中的我们对大自然越来越陌生，已经渐渐失去了对自然真正的认识。在高楼大厦里长大的孩子根本不知道春夏秋冬代表着什么，不同的季节里人们做什么，也就渐渐失去了洞察自然和感知自然的能力。

在盖瑞·伯森（Gary Paulsen）的《冬天的小木屋》里，作者是这样描述的："冬天，他们家的食物可丰富了，有肉，胡萝卜，奶酪……下雪的时候，他们几个孩子就爬到树木上，往下跳，厚厚的雪地上就制造出了大大小小的'小人儿'。周六晚上,爸爸就从外面弄很多冰块,把冰块放到盆里,然后把盆放到火炉上给孩子们准备洗澡水,迎接礼拜天。"作者还记述了冬天如何存储和制作食物,包括薰麋肉、做腊肠、做肉丸子等等,那是他们全家只有在冬天才会做的事。

在伯森的"冬天"里,有狂劲飞舞的雪,有坚如磐石的冰块,还有无数藏起来的食物,将冬天描写得真实清晰,又蕴藏着质朴的自然规律:冬天,是人"歇下来"的时光。休养生息,放慢脚步,或反思一下成败得失,总结一下经验教训。"歇下来"的不仅有人类,还有大自然,包括很多植物和动物。大地变得光秃秃的,树落叶了,熊冬眠了。大自然总会按照自己的节奏不温不火地过着自己的日子,这是自然的规律。

冬天的寒冷,生活的温暖

冬景是萧瑟的,冬日是寒冷的。与此相对的是,我们应该告诉孩子:不管冬天有多寒冷,有多寂寥,生活都是温暖的。正如电影《熔炉》中的经典台词所说:"冬天之所以那么冷,是为了告诉大家身边人的温暖有多重要。世界上最美丽最珍贵的,反而是听不见且看不清的,只能用心才能感受得到。"

无论天有多冷,雪有多大,外部环境有多恶劣,人类总能用爱去造就温暖,对抗寒冷。爱,往往可以将冬日的酷寒消融得无影无踪。

一部部经典演绎着冬日里一个个温暖的故事。例如朱自清的《冬天》,就将冬日里普通家庭生活的温情演绎得真实、传神而且细腻.

说起冬天,忽然想到豆腐。……围着桌子坐的是父亲跟我们哥儿三个。"洋炉子"太高了,父亲得常常站起来,微微地仰着脸,觑着眼睛,从氤氲的热气里伸进筷子,夹起豆腐,一一地放在我们的酱油碟里。我们有时也自己动手，但炉子实在太高了，总还是坐享其成的多。这并不是吃饭，只是玩儿。父亲说晚上冷，吃了大家暖和些。我们都喜欢这种白水豆腐；一上桌就眼巴巴望着那锅，等着那热气，等着热气里从父亲筷子上掉下来的豆腐。

在朱自清的笔下，一位父亲的舐犊之情跃然纸上。孩子们丝毫感受不到冬天的寒冷，他们在爱的笼罩下，尽情享受着生活的乐趣。虽然吃的只是豆腐而已，有了父亲爱的浸润，生活却是无比温暖而美好。纵然时光流逝如水，那份家庭的温情仍一直荡漾在孩子的心里。

还有，美国作家罗兰·怀德（Laura Wilder）的《漫长的冬季》中所述的故事：那年暴风雪完全封住小镇，罗兰一家没有了食物，只能靠一点麦粒来糊口；木柴、煤炭燃尽了，只能烧干草取暖。他们每天为活下去而挣扎。帮助他们解决困难的是小镇里的两个男孩：凯普和阿曼乐。他们冒着被冻死与迷路的危险送去食物，解救了罗兰一家。这种人与人的相互关怀、守望相助，即使是陌生人之间，也总是温暖如春，让人难以忘怀。正如严歌苓所说："我们总是依靠陌生人的善意生活。"

荒凉与苦难，是人生的写照

人性是幽暗和复杂的，这个主题常常被作家们追捧，化为他们笔下的文字，塑造出一个个挣扎在人生边缘的人物。冬天以其寒冷肃杀的特点，自然而然就与这样的主题联系起来，成为很多作家笔下映射的意象。

散文家刘亮程的《寒风吹彻》写的是冬天的"幽暗"，铺叙了很多次无奈的"疏离"。故事里"冬天"及冬天的"雪""寒冷"，代表了岁月流逝、家境贫寒、年老多病以及人性的冷漠、麻木与自私，言简义丰。这些让读者感受到的是一种直抵灵魂深处的人类生命里的疏离与荒凉的震撼，以及渴望温暖但又无能为力的悲痛。我们有理由相信：冬日场景的渲染，绝不是故事场景的转变，而是人性影像和人生嬗变的铺垫。

对于成长过程中的孩子来说，阅读此类故事是以冬天的视角来认识生活必不可少的一面，包含挫折、丑陋、罪恶、无奈、死亡等等。生活中没有人想要遇见它们，可是没人能够逃脱它们。作为一种死亡教育，话题虽是沉重的，意义却是积极警示的。它启发孩子们正确地对待死亡，对待生活中的丑陋和罪恶。在某种程度上，"冬日系阅读"是生命的阅读，人世间的生死悲欢离合徐徐展开，孩子们在阅读中与生命展开对话，倾听生活的声音，寻觅生命的密码和规律。

英国作家狄更斯的小说《圣诞颂歌》，讲的是一个吝啬鬼的故事，他在夜幕中见到鬼之后生活发生了翻天覆地的变化。小说不仅描绘了圣诞夜的欢乐、温馨、灯光闪烁，也向人们展示了圣诞夜的另一面：绝望、冷酷、黑暗、悲伤。小说中的吝啬鬼就是冬天的象征，但是他那颗纯真的心又象征着冬天过后总是美好的春天和夏天。这个故事告诉读者生活虽然充满着不确定性和变化，却总是奔着美好而去。

读懂冬天，就是读懂人生的哲理

雪莱有诗云："冬天来了，春天还会远吗？"冬天是雪虐风饕，万物萧条。可是过了这个阶段，就是美好的未来，明媚的春天近在咫尺。无数优美的冬日系作品传达着这样的情思意蕴，告诉孩子要向前看，不抛弃，不放弃。困难是暂时的，只要坚持，人们终将冲破艰难险阻而赢得胜利。

《漫长的冬季》是怀德最具代表性的作品，曾荣获世界著名儿童文学奖——纽伯瑞奖。仅浏览题目以及三十三章的标题，你就会感到那种寒意力透纸背，刺骨穿肉，仿佛是堕入万劫不复的冰窟，无法翻身。其文字却以雅俗共赏的方式，细腻地描写了创始拓荒时期的生活，展现了一种"与狼共舞"的生活态度，教会孩子勇于面对、乐观向上。这部作品曾多次被搬上银幕，深刻影响了美国几代人的成长，是美国孩子最喜爱阅读的百种图书之一。

不仅如此，冬天，还蕴藏着很多哲理。如天道酬勤的道理："只要付出，总会等到"；如热爱生活的道理："热爱生活，就是在认清生活真相之后依然热爱生活"；如否极泰来的道理："冬天不要砍树，枯黄的树枝正在养精蓄锐，孕育春天"……

"冬日系"阅读里别样的方式

"横看成岭侧成峰，远近高低各不同。""冬日系"阅读从不同角度展现着别样的阅读方式和内涵。首先这是一种主题系列阅读。主题阅读，与单篇文章相比，其思想深度及内容广度都具有独特的优势。儿童的成长，是探索世界的过程，主题阅读呈现在孩子面前的是更为广阔的视野，是一个真实、立体和完整的世界。"冬日系"阅读给予孩子的是全面、丰富和深邃的冬日认知，也是对世界的认知。

这也是一种体验阅读，在如今很多孩子的生活里，世界是单一的、浅显的。他们只是在课本世界中徘徊，在虚拟世界里沉沦，很少有机会去真切地感受大自然的律动，缺乏对自然美的感知和领悟。如此下去，终究会失去追求美的目光和勇气。教育的任务之一是培养孩子的美感，追求生活的美，而类似"冬日系"阅读的主题阅读，将生活与孩子的成长联系起来，将阅读与体验结合起来，鼓励孩子去探索生活，探索美。当孩子看到微小的生命而怦然心动时，他的精神世界必然是丰富的，幸福的。

这还是一种生活阅读。冬日晚间，又到了围炉夜读的时刻。"绿蚁新醅酒，红泥小火炉。"窗外，北风呼啸，大雪肆虐，室内，爸爸给火炉添足了煤，淡蓝色的小火苗，在炉膛中活泼地起舞。一家人，读着冬日的故事，谈论着冬日故事里蕴藏的温暖、成长、友爱、坚持……这是何等幸福、温暖的生活。

推荐书目（来自人民日报微信公众号）：

1.《雪》

［土耳其］奥尔罕·帕慕克著，沈志兴等译，上海人民出版社2007年版

2.《如果在冬夜，一个旅人》

［意］伊塔洛·卡尔维诺著，萧天佑译，译林出版社2007年版

3.《烦恼的冬天》

［美］约翰·斯坦贝克著，吴钧燮译，上海译文出版社2008年版

4.《冬夜》

俞平伯著，湖南文艺出版社1986年版

5.《冬牧场》

李娟著，新星出版社2012年版

6.《雪国》

［日］川端康成著，叶渭渠、唐月梅译，浙江文艺出版社2003年版

7.《地中海的冬天》

［美］罗柏·D·卡普兰著，郑明华译，黄山书社2012年版

8.《德国，一个冬天的童话》

［德］海涅著，冯至译，人民文学出版社1990年版

9.《冬日之光》

［瑞典］英格玛·伯格曼著，郑再新、伍菡卿译，中国电影出版社1990年版

10.《最后一场雪》

［法］于贝尔·曼加莱利著，王东亮译，重庆大学出版社2013年版

推荐文章（来自中国教育新闻网）：

1. 鲁迅《雪》

2. 茅盾《冬天》

3. 夏丏尊《白马湖之冬》

4. 郁达夫《江南的冬景》

5. 丰子恺《初冬浴日漫感》

6. 朱自清《冬天》

7. 老舍《济南的冬天》

8. 梁实秋《北平的冬天》

9. 汪曾祺《冬天》

行走在
路上的阅读

"读万卷书,行万里路"这句古训一直是中国无数至圣贤达所推崇的治学、修炼之道。"纸上得来终觉浅,绝知此事要躬行。"阅读固然重要,实践也不可或缺。孔子通过周游列国来印证所学,李时珍、徐霞客、马可波罗、达尔文、哥伦布都是在"行路"的基础上写出恢弘巨著或取得重大发现。那么"行走阅读"该如何实施呢?

行走阅读不是一件难事

换个角度来看,"读万卷书,行万里路"是否蕴含新的阅读方法和形态,给予老师和家长阅读的启示?很多孩子对阅读常常缺乏兴趣,没有足够的耐心去读完一本厚厚的名著,读着读着就感到兴趣索然,原因在于缺乏激发阅读的"荷尔蒙"。

将"读万卷书"和"行万里路"联系起来,就产生了新的阅读方法——行走阅读。行走阅读,指的是让孩子带一本书踏上旅程,在生活现场或行走的目的地找寻作品中的事或物。优秀的作品常常具有真实的现场感和生活的粗砺感，或多或少地蕴藏着场景。孩子在行走中寻访、印证文字，还原现场，这样，激发共鸣的阅读的"荷尔蒙"就产生了。从时下流行的"跨界"理念来看，行走阅读就是阅读和旅游的跨界与整合，从文字意义上的"行走"转变为现实生活中真正的行走，可以带给孩子别样的体验和收获。

纪实类作品的特点是真实。离开真实的生活场景，作品会逊色不少。纵观古今中外的纪实类作品，将真实的事物作为描写对象，将真实的地域作为故事背景，寓情于物或是托物言志的作品数不胜数。许多地方历史悠久、人文荟萃，名胜古迹留下了不少文人们抒发胸臆的文字，而这些文字自然也就成为行走阅读的最好素材。

当然，还有虚构类的作品，故事发生背景或实或虚，都能在现实中觅到痕迹。在某种程度上，这样的场景是作者心目中的"原乡"或者"梦乡"，就像鲁迅笔下的很多人物大都来自"鲁镇""未庄"等乡野村庄，这些场景常常虚实结合，糅合了很多地方的情与景，但始终不失江南水乡的韵味：白墙黑瓦的民居沿街而依，斑驳的石板和多姿的石桥连起小镇的筋脉，村口的一棵大树聚集着小镇的活色生香……

这些场景折射了作者的意念，以超现实的形式存在，向读者呈现了小说或故事发生的独特土壤。不论在中国文学视域中，还是在世界文学视域中，很多作家及其作品都体现了强烈的地域性，为行走阅读提供了独特的视角和载体。

正如老北京之于老舍，高密之于莫言，湘西之于沈从文，上海之于程乃珊……读了他们的作品，自然而然就呼吸到来自这些土壤和场域的独特气味。孩子在阅读中切换文字和现实，使得文字具有了立体感，使得现实具有了诗意。

共情是行走阅读的最高境界

要让孩子对阅读产生兴趣，并与某一部作品产生深层次的互动，在阅读中的共鸣和共情尤为重要。孩子在行走和浏览过程中，若能看到作品中的文字以立体、直观的形象出现在他眼前，由此而产生共情，他对于文本的理解就会更加深刻。

当我们游览过一个地方，脑海中会留下相关的记忆或影响，这种记忆能唤醒读者脑海中的信息，激发读者对于文本的亲切感。

有一次我在《文汇报》"笔会"专栏上看到一篇文章，内容是关于"世界上的三堵墙"。前两个是美国和墨西哥间的边境墙、巴勒斯坦和以色列间的哭墙，第三个是北爱尔兰的"和平线"隔离墙。按理说，边境墙和哭墙的知名度要比北爱尔兰的隔离墙高得多，可我的视线却跳过了前者，直接停留在"和平线"隔离墙，饶有兴趣地阅读起来。为什么会这样？因为2012年我曾在北爱尔兰贝尔法斯特小住过一段时间，在城内溜达时，常邂逅文中所述的"隔离墙"。事实证明，生活经验或阅历更能激发读者的阅读兴趣，读者常常会产生"似曾相识"的感觉，觉得有可能在阅读中遇到那一段故事，或者让自己的生活经历在故事中重现。生活经验和经历的嵌入能为读者提供理解的支架，帮助读者理解内容。

在行走阅读中，孩子会产生身临其境的感觉，情感体验也就格外深刻。举个例子，当你带孩子来到南昌，登上滕王阁，"落霞与孤鹜齐飞，秋水共长天一色"的美景将真实地呈现在你眼前，那么，《滕王阁序》是必不可少的随身读物，而孩子对于作品中的"阁中帝子今何在？槛外长江空自流"的人生盛衰无常而宇宙永恒的感慨也更容易产生共鸣。

共情能力，又叫作移情能力，指的是一种能设身处地体验他人处境，从而达到感受和理解他人情感的能力。在阅读中体现为对文本人物、情节或者场景的理解。

共情能力低的人对文本内容或情感缺乏敏感性，无法理解错综复杂的关系以及深层次蕴含的旨意。而行走阅读能够提供文本与读者共情的纽带，以及现实的观察视角，促进学生情感的生成和思考的蔓延，帮助他们深入理解作者的写作动机和所要传达的情感，在阅读中把握文本的思想内涵，这也是对学生共情能力的培养过程。

当孩子在行走阅读中读完一本很棒的小说或作品，就仿佛真实地接触了书中的人物和经历了书中的情节，有着恍如隔世的畅快感，不仅能在内容上产生共鸣，还能在时间和空间维度上极大地丰富自己的精神世界：可能是从未经历过的战争年代，让他们体会了正义和生死；可能是从未到过的异国他乡，让他们认识了多元的文化；甚至可能是虚构的世界，让他们的想象力多了些能够涉足的角度。这就是行走阅读的最高境界。

来一次真真切切的行走阅读

美国文学批评家哈罗德·布鲁姆（Harold Bloom）曾经主编过一套"城市文学地图"，包括巴黎、都柏林、伦敦、罗马、纽约和圣彼得堡等世界大城市。他在总序中写道："事实上，城市是文学的主题，更是文学必不可少的元素。"在他眼中，每一个城市都有其他城市所不具备的文学特质，而这些特质是城市文脉和文化的重要组成部分。

"城市文学地图"丛书给文学爱好者们提供了深入体验城市文学筋脉的指南。他们从历史和地域两个维度，介绍某一个城市的文学，常将历史、地理和文学融为一体，带领读者鉴赏悠久的文学历史，感受独特的文学气息，领略灿烂的文学世界。在城市的某个角落，邂逅某一著名的作家，不再是一件遥不可及的事。

要在一次旅途中阅读完这个城市的所有文学作品并非易事，那就不妨轻松一点，选择其中一本或者两本。牛津大学是电影《哈利·波特》的重要取景场地之一，其中基督教会学院食堂、博得利图书馆都是霍格沃兹魔法学校的主要取景场地。带着孩子参观时可以鼓励孩子回忆电影中的场景，比较异同，还可以就地阅读"哈利·波特"系列书中关于这一场景的描述，使文字、影像和现场在孩子的心中融汇。

还有一种行走阅读是主题阅读，即围绕一个主题，开展文学性阅读。举个例子，楹联是中国古代建筑的精神灵魂和身份标签。可以说，没有楹联就没有古建筑。如武侯祠的"能攻心则反侧自消，从古知兵非好战；不审势即宽严皆误，后来治蜀要深思"、黄鹤楼的"何时黄鹤重来，且自把金樽，看洲渚千年芳草；今日白云尚在，问谁吹玉笛，落江城五月梅花"、岳阳楼的"后乐先忧，范希文庶几知道；昔闻今上，杜少陵始可言诗"都是典范。如果缺少了楹联，这些古建筑就会黯然失色。所以在这些地方行走阅读时，楹联是上佳的阅读材料。

再举个"唐诗之路"的例子。浙江的四明山、天台山、天姥山、浙东古运河、剡溪、镜湖，这些旅游的小众热点目的地，串起了唐诗之路。据记载，唐代有400多位诗人游历过浙东唐诗之路风景线。李白、杜甫、白居易、孟浩然、陆龟蒙、皮日休、刘禹锡、骆宾王、贺知章等在此留下了大量脍炙人口的名篇佳作。

当行走阅读至奉化溪口镇青翠的竹山之下，吟着"岩边笑指云深处，依旧桃花满千树。谁知应梦在名山，几度春风等闲去"，游玩古朴的廊桥，踩着铺满鹅卵碎石的小径，岂不是最真实和美好的体验？唐诗之路，一路唐诗，在唐诗主题旅游后，相信孩子会对唐诗产生更深的迷恋。

当然，行走阅读的旅行前准备是必不可少的。有了期盼和向往，旅游才能成为一件快乐的事。家长和孩子可以商量旅游的主题，在旅游前收集足够的信息，了解有哪些资料或作品，这样可以在现场有的放矢，进入深度、系列化的学习；或者选择某一本书籍，提前开展阅读，并将作品中描写的典型场景，如风土人情、名山大川、亭台楼阁、轩榭廊舫、乡土原野等标注出来，然后到旅游现场去求证、寻访，如此旅游成了一次探访活动，也充满了别样的乐趣。

家长和老师还可以引导孩子思考：作者写了什么？为什么这么写？在更大的场域中存在的合理性是什么？故事当时的背景与今天的生活有何异同？这样，阅读就变成了思辨、分析的过程。

有效的阅读常与必要的写作或者输出相关联，因此行走阅读绝不是单纯的信息输入的过程，而是输入、内化、互动和生成的过程。在旅游之后，鼓励孩子绘制旅游目的地的文学地图是个不错的选择。有哪些文学作品与这个地方有关？它们处在哪个区域？或者从一部作品的视角来看，绘制作品里的场景，加上情节和人物，就能成为自己独创的"绘本"。

在行走阅读的过程中人们会产生一些新的想法，但往往只是过眼云烟，一旦这个过程结束了，留下的就只有一些片段的回忆了。因此我们需要鼓励孩子不断地思考，让他们把自己的感受形成文字，久而久之，记得多了，就积累了写作的素材和生活的阅历。余秋雨的《文化苦旅》《行者无疆》等作品就是在行走、思考和阅读中产生的。

美国"行走学校"里的阅读课程

哲学家维特根斯坦曾说过："神秘的不是世界是怎样的，而是世界是这样的。"一个人来到世界的重要使命就是认识"这样的世界"。美国蒙大拿州波茨曼市的"行走学校"（The Travelling School），是一所真正体现"读万卷书，行万里路"理念的学校。他们鼓励学生在行走中探索世界，往往会花一学期时间，到世界某一个地区旅游、考察和学习。世界就是他们学习的教室。

他们的阅读课程散发着浓郁的地域文化气息，阅读材料全是当地作家的作品，或者描写这个地区的各类作品，包括小说、短篇故事、民间故事、纪实作品和诗歌等，这些作品为学生展现的是当地真实的生活和人文。学生阅读时将文学场景与真实的生活场景结合起来，在现实中探索作品的真实背景以及故事思想发展的合理性，培养辩证思维，并形成自己的独立思考和洞见。

他们某一年的主题是"行走非洲"。学生被要求每人至少读两本南非人高度推崇的、由南非本土作家写的长篇小说，由教师提供规定书目，学生可以从中选择，如南非作家信德威（Sindway）的《母亲之间》、纳丁·戈迪默（Nadine Gordimer）的《七月的人们》以及芭芭拉·金索沃（Barbara Kingsolver）的《毒漆树圣经》等等，这些小说是南非现代小说的杰出代表，"读懂它们就能读懂南非"。当然，学生还被要求阅读南非古典文化、纪实文学、散文或诗歌等不同体裁的文学作品。学生在多文本和跨文化的文学作品浸润中，学习非洲南部各民族的文学瑰宝，汲取文化精华，并建立跨文化的理解。

连接传统和
现代的阅读生活

"自古人生何其乐,偷得浮生半日闲。"对我而言,这个"闲"是属于阅读和写字的。在这两件事上花点工夫,我从不心疼时间。同时,我也认为这是极自然的事,因为我觉得,要做一名说话有点道理的管理者和研究者,要在课堂上带给学生别样的感受,这两件事值得花时间去做好。

阅读的种子,从小种下,慢慢长大

有人问我为什么总是笔耕不辍,或者常有文思,其实,这一切都应归功于阅读。世界太大,人生苦短,想要尽力拥抱可以拥抱的一切,那么,阅读一定是通往这个目的地的捷径。

当然,正如我在很多谈论阅读的文章中所提到的,阅读的种子是需要从小种下的,阅读习惯的培养不可能一蹴而就,需要长期浸润的过程。这不仅是给他人的建议,也是我自己的成长体会。

儿时的年代,物质生活比较匮乏,当时身边的绝大多数父母很少有鼓励孩子"阅读"的意识，他们认为只要把学校的书念好就不错了。我从小与祖母在一起生活，母亲远在数百公里之外的上海，鞭长莫及，只能用一种独特的教育方式替代她的耳提面命。

但凡有同乡去上海，或是母亲回乡下探亲，她总会想方设法带些书来，用牛皮纸细心地包好，外面捆扎着一圈圈的塑料绳。母亲捎来的那些书，大部分我已记不清书名，但仍清晰地记得有《上下五千年》《封神榜》《红楼梦》《三国演义》《唐诗三百首》等。童年时的娱乐生活极其匮乏，有了书的陪伴，总算能够打发那些孤灯孑影的漫漫长夜，或者阴雨绵绵的冬日下午。碰到特别喜欢的书，我还会反复阅读，直至封面破损，书角折卷，仍手不释卷。

遗憾的是，至今我没有完整地读过《红楼梦》《唐诗三百首》。经典名著，沉淀了人类的时空选择，对一个孩子来说，难免有些晦涩，不像《上下五千年》《封神榜》这类浅显易懂、引人入胜的故事书那般有吸引力。没有家长在身边陪伴和引导，我的童年阅读自然也缺乏对经典持久的坚持和追寻，就如同无人打理的花园，野草疯长，却无名贵花木。

然而，正是《上下五千年》《封神榜》这类书籍，为我拔掉了那个叫作蒙昧的"气阀"，豁然打开了阅读的大门。那些历史事件、历史人物经过剪裁，以故事的方式呈现，通俗易懂。在故事中，蕴藏着人间的喜怒哀乐、生活的是非曲直以及历史的轮回定律。正是在对这些书籍的摩挲翻阅中，阅读渐渐融入了我的血肉和肌理，伴随我度过了孤寂的童年、少年，给我幼时苍白的精神世界带来阵阵绿意。正如余秋雨所说："只有书籍，能把辽阔的空间和漫长的时间浇灌给你，能把一切高贵生命早已飘散的信号传递给你，能把无数的智慧和美好对比着愚昧和丑陋一起呈现给你。"

幼时阅读，源于对知识的饥渴、对外面世界的向往，那种对文字的亲切感，从小学、初中、高中一直绵延至今，从未停止。余秋雨说："一个人的最佳读书状态大多产生在中年以后，但能不能取得这种状态，则取决于青年时期的准备。"高中时期是我阅读生涯的高峰。那时我是图书馆志愿者,协助老师整理同学们归还的图书。那时我被一些杂志深深吸引,如《读者文摘》《名人传记》《科学世界》《少年文艺》等等。至今我对报刊还是情有独钟,只不过阅读重心转移到了教育领域。阅读喜好,就像一个人的饮食习惯,七八岁前养成的,就成了挣脱不了的基因。

一个人如果和文字日厮夜缠,对文字的敏感就会慢慢地滋生出来,遣词造句就不再是一件难事,思想和情怀也会"不请自来"。正如苏东坡所说:"人生识字忧患始。"一个人从书中增长了见识,对周围事物就不会无动于衷。阅读,使得我们始终对生活抱有好奇心,并热爱生活。

互联网时代的阅读生活

在这个知识爆炸的时代,知识生成、更替和消亡的节奏不断加快,与此同时,人们的生活和工作节奏也越来越快。生活方式的变化带来的是对阅读生活的重新定义,碎片化、浏览式、随意性、跳跃性的数字阅读成为很多人的首选,随之而来对"浅阅读"的批评声也不绝于耳。

然而,生活在 21 世纪的我们,终究无法拒绝一个时代的到来。只有主动拥抱时代,在传统和现代中找寻"平行轨道",才能让学习的列车持续驶向远方。美国技术文化史专家爱德华·特纳(Edward Turner)有句话说得好:如果智慧技术终结了创造它的人类的智慧的话就太遗憾了。

互联网的诞生,让我们的学习突破了时间和空间的限制,为我们带来极大的便利。面对这样的改变,我们没有理由恐惧,而应该表示欣喜,因为每个人都有可能拥有更为广阔的阅读世界和生活。

在我看来,网络阅读分为三种:橱窗购物型、寻人启事型和路上邂逅型。

"橱窗购物型"阅读属于消遣型,浏览社会新闻、图片或者视频等,纯属休闲、放松的一种方式，就像在南京路上闲逛，并不意在购物，只是看看那些商店橱窗里摆设的商品，赏心悦目，消磨时光而已。

"寻人启事型"阅读是带着一定的目的或者循着某一个主题，学习者借助搜索引擎，对"关键词"的相关内容进行查找。就如同在生活中找人，把与之有关的信息张贴出来，寻人的链接和网络就会随之产生。

"路上邂逅型"是指在网络阅读时得到出其不意的收获。如今虚拟空间中的各种学习平台和社交群是人们网络阅读的重要根据地。例如当下最为流行的微信，堪称随身、流动的"图书馆"，而且具有全天候、免费等优点。朋友圈里精心推送的文章，多是一些去芜存菁后的优秀文章，可读性强；订阅号里定时发送的文章，具有很强的时效性和教育意义；就连一些专业性极强的学术刊物，也顺应潮流，纷纷开设公众号，将最新的研究成果第一时间与读者共享。一天劳碌过后，浏览微信朋友圈，就是为了找寻那种邂逅时的意外、惊喜和满足。

当然，网络阅读不能仅停留在这个层次。互联网出现之前，阅读主要以线性方向进行；现在，阅读变成了"浏览、搜索关键词、快速滚动"，这种阅读方式与传统的注重静思、强调回路的方式截然不同。而且屏幕空间狭小、局促，与纸质书籍的稳固、整体的阅读视界不可相提并论。

今天我们并不缺少信息和知识，关键在于我们如何判断和选择。"弱水三千，只取一瓢。"信息化时代的阅读需要鉴别力和思考力。看到一篇深受启发的好文，我会果断地收藏起来。每隔一段时间，就会将收藏的文章打印下来，再阅读一遍，并将重要的观点、有用的素材圈画出来，细细咀嚼，慢慢消化。圈画可以帮助记忆，标注要点可以从芜杂的信息中快速把握重点，采菁撷华的过程就是提升思考力、去伪存真的过程。"好记性不如烂笔头"。一个人的大脑容量总是有限的，所以我在阅读时，笔记本总会相伴左右，名家的论述、启迪性警句和实用的方法尽录其上。

剪报也是阅读学习的一个好方法，传统而久远，却永葆生命力。我阅读的报纸一天多达十几份，少则四五份。如果一天不读报，就像一天没吃饭，浑身不对劲。有些报纸是一目十行粗略浏览，有些则是探幽觅径，品味鉴赏。报纸带来了时效性极强的信息和知识，能给我的工作带来极大的裨益。当我需要准备发言稿或撰写文章时，那些大大小小、泛着岁月陈香的剪报就是我最好的"智库"，总会给我提供有针对性的资料。

将所有有价值的文章和信息收入囊中，并不意味着就真正拥有它们了，还应对其进行分类，"温故"而后"知新"。无论是剪报还是从网络上下载的文章，我都会根据工作或研究的内容分类，有学校管理、教学研究、英语教学、阅读教育、生涯教育、国外教育等十几个主题。再次翻阅这些资料，所有的内容就会得到重新梳理和过滤，等到写作需要时，素材就会自动浮现在脑海里。

读着读着，写作的思路出来了

我非常认同作家曹文轩的一句话："阅读和写作的关系，就是弓和箭的关系。用一辈子记住，写作是一支箭，阅读是把弓。"在阅读过程中，不时会有观点、念头迸发出来，它们并不能立马化成文字，但却一直萦绕在脑海里。随着时间推移，积累的素材越来越多，观点越来越清晰，在某一时刻，文章就会呼之欲出，应时而生。我曾将写文章比喻成"怀胎十月，一朝分娩"，因为思考和积累的时间远远要比写作的时间长得多。

读得越多，写得也就越顺：文字更敞亮、透彻，迁移和联系更紧密、自然。例如从社会迁移到教育，从历史迁移到现实，从国内迁移到国外。"道生一，一生二，二生三，三生万物。"如果以教育为原点，哲学可以解释教育，心理学可以解释教育，经济学也可以解释教育。通俗的方式可以表达深奥的思想，有质量的文字总是在字里行间传递真理的永恒和人性的复杂。

杨绛有段关于读书的论调，颇有意思："我觉得读书好比串门儿——'隐身'的串门儿。要参见钦佩的老师或拜谒有名的学者，不必事前打招呼求见，也不怕搅扰主人。翻开书面就闯进大门，翻过几页就登堂入室；而且可以经常去，时刻去，如果不得要领，还可以不辞而别，或者另找高明，和他对质。"将读书比喻为串门儿，形象的比喻，贴切的文字，背后是超强的洞察能力和迁移能力。优秀作家的高明之处往往在于能将人们耳熟能详的现象和自己的观点建立起联系。这样的文字是充满生活气息的，也是充满力量的。

我也在一直反思我的阅读，大部分是为了解决工作和研究中出现的问题，属于"实用阅读"和"应景阅读"，却很少花时间阅读经典著作，阅读那些看起来"无用的书"。有一天我突然发现，其实我们在碎片式阅读时读到的很多观点，在经典里都能找到。比如《如何阅读一本书》是一本系统、经典、权威的关于阅读的书籍，如今很多谈到阅读的文章，都依稀可以在这本书里找到影子。又如《红楼梦》，要研究明末清初的社会历史，可以读它；要体会爱情的缠绵和离愁，可以读它；甚至连如今霸屏的各色宫斗剧，也可以从《红楼梦》里窥到一二。或许，这就是经典的力量，如同定海神针一般，不管时代如何变幻，其自岿然不动，总能焕发出璀璨的光芒。

曾国藩说，读书如同打仗，打仗不能一个村庄一个村庄地打，没用的，必须打据点，该打长沙就打长沙，该打安庆就打安庆，这些大据点不打下来，老是打那些小仗，一点用处都没有。经典就好比是阅读的据点，攻占了这些据点之后，整个知识脉络可能就一下子清晰了，迁移能力和联系能力就出来了，观点和卓见也就出来了。

为了让孩子们爱上阅读，澳大利亚发起了"州长阅读挑战"

澳大利亚是一个重视阅读的国家，也是一个热爱读书的国家。对很多人来说，包里放本书，有空就拿出来阅读是一种习惯和生活方式。他们的"州长阅读挑战"蜚声于世，在全民阅读的推广方面发挥着极大的影响。

州长和学生一起阅读

"州长阅读挑战"活动历史悠久，在澳大利亚知名度高，影响很广。以2018年为例，澳大利亚南威尔士州就有2488所中小学参加了挑战活动，277000多名学生获得阅读证书，学生读书的数量累计达到750万册。

这个活动是以州长名义组织，政府部门和学校力推的阅读活动，持续时间为半年，常常从3月持续到8月。包括州长在内的政府官员与学生一起阅读书籍，参加各种读书交流活动，营造出全民阅读的气氛，以吸引更多的孩子参与。他们认为，一个孩子如果从小对阅读产生浓厚的兴趣，养成终身学习和阅读的习惯，一定能够在人生道路上走得更远。他们确信：

阅读不仅仅是英语教师或校长的任务，而应该由全社会共同关心和参与，这样才能蔚然成风，才能变成民众的自觉行为。

每年 10 月，在"州长阅读挑战"截止时间后的第二个月，政府部门会举行活动颁奖仪式，州长亲自出席，祝贺所有获得阅读证书或奖章的孩子，并给学生代表颁奖。州长还会向孩子们介绍自己的家庭正在阅读的书籍，分享阅读心得和体会。许多世界名人也会受邀参加颁奖活动。丹麦王子弗雷德里克、王妃玛丽和文化部长玛丽安·耶尔韦就曾不远万里从北半球飞到澳洲，与澳洲学生分享阅读的快乐。

在阅读活动启动时，州教育部通过网络和各个公共图书馆公布阅读书目，供各个年龄或层次的学生挑选。书目数量巨大，约 5000 册；种类也相当丰富，有探险类、动物小说、澳大利亚本地小说、人物传记、古典文学、戏剧、家庭伦理、梦幻、历史小说、幽默小说、爱情故事、神秘小说、绘本、图画书、诗歌、校园小说、科学小说、短篇小说和运动故事等 19 个种类。学生可以在网上按照种类、学段、年龄等类目，搜索并找到喜欢和适合自己的书籍。

组织方会在书目上注明书号、作者、出版商、图书简介以及分级水平，便于学生按图索骥，在挑选时有的放矢。主办方每年都会在书目中补充最新出版的优秀书籍，使阅读活动能紧跟上时代的步伐。

"州长阅读挑战"是一项系统而复杂的工程：一方面专家团队要慧眼识书，每年从浩瀚的书海中挑选出最具有价值、最适合学生阅读的书籍，另一方面根据词汇的难易度、文本的复杂度、思想的深邃度及可读性对书籍进行分级（共四级：幼儿园到二年级、三到四年级、五到六年级、七到九年级），使得学生能及时找到最新的、适合他们阅读能力和水平的书籍。学校图书馆和教室图书角的图书也常常贴上分类等级标签，以使学生能够快速找到适合他们水平的书籍。

不是竞赛，而是自我挑战

成熟而稳定的活动要求和规则系统是"州长阅读挑战"活动成功运作的保障：幼儿园到二年级水平的学生至少阅读30册书，其中，25册必须从规定书目中选择，另外5册可以自行挑选；其他年级的学生至少阅读20册，其中15册是规定书目；学生阅读的书籍可以由家长和老师帮助挑选，须遵循"就高不就低"的原则，已经取得高水平阅读证书的学生不能选择低层级的书籍，只能选择与自己阅读能力相匹配或略高于自己阅读能力的书籍阅读，从而鼓励学生不断超越自我，提高阅读能力。

不同等级学生的阅读方式也不一样。幼儿园到二年级水平的学生可以有多种方式，如独立阅读，和家长、同学、老师一起读，或者由家长和老师为其朗读；而其他等级的学生只能独立阅读。当学生阅读完一本书籍后，须在网站上完成阅读博客：填写书号、书名、阅读日期，并作简要评论等，由学校对其进行评估。阅读是个人、独立的活动，独立阅读和思考也是阅读能力的体现，因而在某种意义上，阅读等级越高的学生其阅读能力也就越高。

正如"阅读挑战"这一活动名称所示，这个活动不是竞赛，而是挑战。坚持阅读行动，一年阅读二三十本书，对于学生而言，既是对自我阅读计划和管理的挑战，也是对自我毅力的挑战。而且这个活动鼓励学生循序渐进、拾阶而上，勇攀阅读的高峰：每年在阅读完规定数量的书籍后，可以得到年度阅读证书；在第四年可以得到黄金证书；在第七年可以得到白金证书。如果从三到九年级不间断地获得证书的话，就可以获得活动的最高荣誉——金牌，并受到州长的接见。

"州长阅读挑战"活动的网站每年都会公布获得黄金证书、白金证书和金牌的学生名单。仅2017这一年中，南威尔士州就有29539名学生获得了黄金证书，8895名学生获得了白金证书，433名学生获得了金牌。这种激励机制，对学生阅读兴趣的培养无疑是一种巨大的推动。

当一个学生获得白金证书时，意味着他从小学一年级起至少已经读完了 150 本书籍，以每本书平均 10 万字计算，他的阅读量就达到了 1500 万字。孩子对于阅读持久的热情和兴趣就是在与文字和书籍日积月累的相伴中产生的。所以如果你在澳大利亚的家庭里看到成堆的书，看到人们在公交车上、沙滩上手不释卷、旁若无人地阅读时，丝毫不用奇怪，因为他们从小就传承了热爱阅读的基因。

校园里的"哈利·波特"

尽管"州长阅读挑战"活动是由各州教育部组织的，但学校在其中发挥着至关重要的作用。只有学校积极参与，阅读活动才能持久、深入。活动启动后，学校会安排一名"协调员"（一般由学校图书馆馆长担任）专门负责；在活动期间，学校图书馆会组织丰富多彩的主题活动。

他们会"化整为零"，实行"阶段奖励"：为每一个孩子制作方格图，纸上打印 20 个空格，张贴在教室里，当学生读完一本书后，就在空格上贴一个五角星或者涂抹不同的颜色，一直到读完 20 本书，填满方格图为止。在一个阶段后，他们会将已读完五本书的学生的照片贴在学校公告栏里，学生看到墙上的五角星或照片，会产生满满的成就感，视阅读为"乐途"而不是"苦旅"。

他们会"统一行动"，也注重"个性发展"：每节英语课上留出 10 分钟，成为固定的"悦读时光"，学生可以选择自己喜欢的书籍，静静地阅读、认真地记录、轻声地交流，享受阅读的快乐。图书馆长和英语老师还会组织新书推介活动，邀请作者或者评论家介绍书籍；还会确定每个年级的必读书目，在年级中组织读书活动，如书评、书签或封面设计、演讲、词汇大赛、名句赏析等比赛活动，形式多样，寓教于乐。年龄阶段不同，活动设计也不尽相同。

他们"注重体验"，也"强调趣味"：从孩子的年龄特点和阅读兴趣出发，设计有趣的活动，例如"故事人物服装日"活动。"哈利·波特"的故事深受孩子们欢迎，学校便设定"'哈利·波特'人物服装日"，学生穿着"哈利·波特"故事中各式人物的衣物，如大围巾、尖顶帽、斗篷或法袍等，扮演各种角色。整个校园就如同一个"哈利·波特"的摄影棚，热闹非凡。学生可以根据书中片段或某一主题进行舞台表演，重现故事情节；教师还设计了人物的语言特征分析、情节串联等相关阅读活动。在这样的氛围下，孩子们对阅读"哈利·波特"的兴趣达至巅峰状态。

他们一方面"家校互动"，一方面"内外联动"。学校鼓励家长共同参与"州长阅读挑战"活动，与孩子（尤其是低年级的孩子）共读一本书。在家长开放日，家长会将正在阅读的书籍带到校园里，交流分享阅读体会。学校还常常通过"告家长书"、学校公告栏对活动进行宣传和介绍，公布阅读信息，让家长及时了解阅读活动的进展。由此可见，阅读已成为学校和社区一项重要的活动。

其实，激发阅读兴趣、培养阅读习惯就像攀登高山，如果立志要到达山巅，不仅需要清晰的目标，还需要途中美景的不断逗引，以及适当的休憩，以缓解疲劳、补充体力。在阅读过程中，精心设计的阅读活动就是这"美景"和"休憩"，它能使阅读者在漫长的攀登过程中充分享受阅读的快乐。这一点，对于低年级的学生非常重要。

澳大利亚"州长阅读挑战"活动从政府层面推进，将全民阅读提升到战略高度，使阅读成为一种全民生活习惯和生活方式。更为重要的是，活动的系统设计、持续推进，学校的主体参与、个性设计促进了阅读活动的有效开展，激发了孩子们的阅读兴趣，并培养了他们终生阅读的习惯。

让学生张开想象翅膀的视觉文学

澳大利亚的英语课程标准这样界定学生的读写能力："不仅是常见的阅读和书写文字的能力，还包括阅读图像、标志、指示和手势等各种符号的视觉读写能力。"在澳大利亚，视觉文学是培养学生视觉读写能力的重要方式，也是学校英语教学的主要内容之一。

从观察生活开始的学习

澳大利亚的课程开发者认为，"小孩子天生就是艺术家，比起成年人，他们具有超乎想象的想象力和观察力，教师的责任是保持并激发其想象力和观察力"。因此，从小学一年级起，学生们就要在英语课上系统地接受视觉文学教学。

视觉文学主要培养学生对图像、标志或图示等的理解能力以及在此基础上的创作和想象能力。英语课程标准中的相应要求是："学生阅读视觉文学时能理解、分析和判断文本和作者意图之间的关系，知道象征手法、色彩、线条和方位等如何在文学创作中运用。"其教学目标是让学生能够掌握和欣赏变化多样的视觉语言；在一系列不同的情景中理解、回应和有效地应用视觉语言；发展学生探究视觉语言过程的相关知识和五个方面的视觉素养能力——视觉解读、视觉表达、视觉语言探究、批判思维、视觉信息。

澳大利亚的视觉文学教学并没有统一的教材，往往是由教师从图书、报纸、网络甚至从广告上截取或节选材料，复印后发给学生。在课堂上，教师鼓励学生去观察身边的细节和周围的世界。他们认为，孩子们观察的机会越多，察觉、使用和理解细节的能力就越强。同时，将艺术、图片和文字融合在一起的英语写作也有助于学生观察和分析能力的培养。

观察和分析是关键

视觉文学的主要载体是图像，然而，图像直接呈现的意思与作者意图表达的思想常常存在着一定的距离，需要读者用眼睛去观察，然后通过想象、分析，进而理解和领会视觉文学所传达的信息与意味。

在长期的历史文化发展中，澳大利亚形成了众多的象征或代表符号，不同的颜色、动物和标识甚至线条都具有不同的象征意义或约定俗成的内涵，如皇冠代表了忠诚，十字架代表了耶稣教，狐狸代表了狡猾等。

教师常常会要求学生在视觉文学中对其进行分析，或运用象征符号，形象直观地表达意思。同时，教师还鼓励学生根据视觉内容，对细节进行观察和分析，并发挥想象，理解视觉文学里作者所要表达的意思。

在课堂上，教师常采用"SLICK"的教学方式，即通过观察形状、大小、象征、线条、图像和颜色，引导学生分析和理解。例如，教师会提问学生：视觉文学中的主要形状是什么？有什么效果？哪个角色的空间最大？里面有反复出现的象征物吗？里面有什么图像？位置如何？不同的颜色代表了什么意义？……还有关于作者、绘画和背景知识等的问题。

"SLICK"教学方式强调学生的视觉文学阅读从浅层次认知到深层次分析，这也是思维再深化、文本再处理的过程。浅层次认知是基于文本本身，要求学生回答看到了什么，什么正在发生，以及背景是什么等等；而深层次分析则要求学生从背景知识和文本线索来理解和阐释不同元素代表的意义和价值。

鼓励学生发挥想象力

康德曾经说过："想象力是一种创造性的认知功能。"培养想象力有助于培养学生的创新能力。澳大利亚英语教师充分利用视觉文学的本质特点，让学生在想象中跨越文本图像和作者真实意图间的鸿沟，培养想象能力，提升思维品质。在英语课堂上，老师常常会选择动漫故事、图片故事、节选视频或系列新闻图片等视觉素材，让学生首先观察第一张图片，想象和猜测在第二张图片里将发生怎样的故事，然后再观察第二张图片，想象和猜测第三张图片中故事的发展……以此类推，直到故事结束。

我曾经观摩过一节澳洲小学四年级的英语课堂，老师让全班学生转过身背对教室白板，然后在白板上出示一张富士山的远景图，邀请一位学生上台用语言描述图片，并要求其他学生一边听，一边在脑海中想象图片里的景物。发言的学生在舒缓的音乐声中开始描述："这幅图片是一座山，山上全是雪，山下有一个蓝色的湖泊，还有低矮的房子、亭子及一簇簇盛开的樱花。"老师追问："这座山有什么特征？和我们平时看到的有什么不同？"当学生讲到"山顶是平的，雪只是覆盖了山的上半部分"时，老师补充道："很好，这是一座火山，因为火山喷发的时候山顶会融化，所以山顶常常是平的。"当口头描述结束后，全班学生转过身来，面对图片发出了一阵阵惊叹声："好美的山啊！"老师随后提问："请大家观察一下，这一景物由哪些元素构成?"学生纷纷讲出了答案:雪、火山、湖泊和亭子。最后,老师要求学生用文字和图片完成关于富士山的命题写作。

课后,老师自豪地向听课老师展示了学生图文并茂的作品,并告诉我们:"在视觉文学教学中,想象是第一位的,我们常常在课上鼓励学生多层次地想象和解读,并与听、说、读、写、画等连接起来,让他们能想、能说、能画。"

教师们在视觉文学的教学中,充分利用文本资源,开发想象的空间,巧妙留白,努力让学生去积极思考,充分想象,大胆猜测。不仅如此,他们还注重调动学生的各种感官,让学生动手参与,增加体验,促进学生想象。

教师们会鼓励学生制作"快乐大转盘"的游戏盘。圆盘分成六格,其中三格画上图像,另外三格则根据图像写上文字,两人一组进行看图说话的游戏:一位同学转动图像,另一位同学描述,然后观察和分析图像,看看自己所说的和图像是否一致。

在英语课上,教师会布置创作动漫的作业,要求学生发挥自己的想象力,创作故事情节,然后动手去画,用图像的形式表达出来。学生的思维天马行空,驰骋万里,作业中充分展示了他们的想象力和创造力。

正如澳大利亚伍伦贡大学的英·布郎教授撰文所述:"澳大利亚各地的课程改革,都强调视觉读写能力以及透过视觉方式的学习,因为视觉文学能为学生打开想象和语言的大门。"澳大利亚视觉文学不是仅仅局限在基本的视觉解读和表达能力或任何一种单一的技能,而是从发展学生高水平的语言理解和高品质的思维品质的目标出发,兼顾学生语言综合能力的发展和培养。

在视觉文学的教学过程中,教师将语言学习与社会、生活联系起来,促使学生在学习和生活中有效地结合言语与视觉元素进行交流,积极培养学生的批判性思维、想象能力、视觉信息能力和分析判断能力。在"读图时代"和"创意时代"的21世纪,视觉文学无疑具有独特和积极的教育价值。

北爱尔兰：在孩子心中播撒阅读的种子

阅读素养是 21 世纪人才的核心素养之一。2011 年共有 49 个国家和地区参加 PIRLS（国际阅读素养进展研究项目）阅读测试，其中英国北爱尔兰地区中学生排名第五，其卓越的阅读成绩引起了全球教育界的关注。

阅读教材五花八门

北爱尔兰英语课程强调："阅读是所有教育阶段中影响学生学业发展和思维养成的重要因素；社会和学校通过持续关注学生阅读成绩、阅读行为和阅读态度，提高学生的阅读素养。"由此，阅读在学生学业发展中的重要地位可见一斑。

有趣的是，北爱尔兰中学的英语课并没有统一的阅读教材，也没有配套的练习册。开学前，教师会同学校课程部主管协商，依据国家课程标准和中等教育毕业资格考试要求，按实际需要选定教材；而且，教材的选择在数量和品种方面都比较丰富。

北爱尔兰的课程标准非常重视英语阅读技能的培养，不仅列出了英语教学规定的读物清单，要求学生必须阅读包括莎士比亚、弥尔顿、多萝西·帕克等的作品在内的经典，还规定了这些作品在各个年级的教学框架和目标，并以此形成了教师必须遵守的教学规范和准则。

除了经典文学以外，课程标准还要求学生能掌握阅读非连续性材料的有效方法，这些非连续性材料包含广告、指南、说明书和网页等。课堂上，教师常将报纸、使用说明书、地图、导游图等作为阅读教学内容。这些阅读材料直接取材于生活，蕴涵了丰富的生活元素。在多元的材料学习中，学生将阅读知识和阅读技能迁移到生活中，提高了解决实际问题的能力。

分级阅读循序渐进

几乎所有北爱尔兰学校都将分级阅读作为提高学生阅读水平的重要手段。不同学校会有不同的分级阅读体系，而选择哪一种体系则由学校课程委员会决定，有时也会听取社区和家长的意见。

北爱尔兰学校的学生常在计算机房参加阅读测试，一个学期测试数次。测试前，图书馆的老师会读一段故事，或者要求学生阅读一份材料，学生在计算机上完成相应的题目，低年级以单选题为主，高年级会增加多选题和问答题，题量从10题到30题不等。学生完成答题后，计算机会自动生成每一个学生的阅读分析报告，从阅读速度、词汇量、对句子复杂度的理解、思想深度等方面解析学生的阅读素养，评定阅读等级水平。不仅如此，报告还会针对不同的测试结果提出个别化建议，例如提供阅读书籍的等级和目录，具体指导测试者如何提高阅读能力。

北爱尔兰学校图书馆的藏书都有详细的分级，采用不同的标签和数字标示。学生根据分级标识选择符合自身水平的书籍阅读，然后参加测试。

假如测试结果达到 85 分以上，学生就可以进行更高一级的阅读。在广泛、持续的阅读中，每一个孩子都能找到自己的阅读发展路径，有效提高阅读水平，个别化教学也得以真正实现。

阅读教学深度体验

北爱尔兰人崇尚经典文学。课堂上，教师常选取诗歌或戏剧文学作为教学内容，这与北爱尔兰的阅读教学目标保持高度一致。但是，与很多国家的孩子一样，不少北爱尔兰孩子对经典阅读缺乏足够的热情。

为了吸引孩子走近经典文学，学校提倡用"积极的"和"社会化"的方法教学。对于传统文学的阅读，他们追求的不是速度，而是反复、深入并多角度地去理解、欣赏和体验。在阅读课上，教师并不拘泥于文本的字词解释和知识的反复训练，而是采用"活动式""主题式"和"模块式"的教学方法，帮助学生深度理解文本，激发学生更高的阅读期待。教师常要求学生根据阅读材料进行小说改编、戏剧表演、故事续写、人物分析、情节勾画，还会组织辩论会、故事会、演讲比赛等交流活动。通过多种形式帮助学生深度体验文本，深入分析故事情节和人物特点。

例如，在学习莎士比亚戏剧时，教师会提供动画版视频帮助学生初步了解情节，在此基础上要求学生深读，然后完成角色树状图，填写空缺台词，进行分角色表演，分组完成人物分析报告，撰写故事背景和现实环境的对比分析，到社区调查民众观点等。这样，学生不会感觉经典文学过于晦涩和深奥，不再对经典文学"敬而远之"。

有时候教师会带领学生到教室外读书，给他们创造不一样的阅读情境，或者到作品描叙的现场，去感受真实的故事背景。有一次我在牛津大学参观时，看到一群学生正在上"哈利·波特"阅读课：他们穿着五颜六色的魔法衣服，躺在地上仰望苍穹，而老师则在旁边模仿霍格华兹与学生对话。这种体验式的阅读教学对于促进学生理解故事情节、调动学生阅读的积极性都有着极大的帮助。

亲子共读全家参与

北爱尔兰人喜欢读书。在地铁上，常常可以看到许多北爱尔兰人手持一本书，心无旁骛地阅读，享受阅读的快乐。在北爱尔兰人家中，书架是必不可少的家具，它往往高达天花板，上面密密麻麻摆满各种书籍。主人也以拥有丰富的藏书而自豪，带领客人参观时绝不会错过书房。在这样的环境中成长的孩子也耳濡目染，从小就喜欢阅读。

在推进家庭阅读中，社区和图书馆发挥了不可或缺的桥梁作用。他们推介好书，组织社区和家庭阅读活动，如家庭共读一本书、社区读书漂流瓶、读书书评会等。学校和家长共同致力于提高学生的阅读能力。老师为学生制订家庭读书计划，由家长陪同一起完成每天半小时的读书任务，最后由家长签字确认。有了"全家总动员"，阅读渐渐成了家庭生活的重要组成部分。在这样的氛围中，阅读的种子自然也就在孩子的心中慢慢发芽、成长，并伴随他们一生。

第二部分
阅读活动和方法

科幻电影《流浪地球》中的跨界阅读

科幻电影是人们爱看的一种电影，尤其受到孩子的欢迎。《流浪地球》是一部被称为"开启中国科幻电影元年"的电影，上映后，关注热度居高不下，无论是科幻文学界，还是娱乐界，以及科普界，或者观众都在以自己的方式讨论、解读和争议这部电影。

这部让人回味的电影，以追寻世界的意义和人存在的价值为目标，不仅仅属于娱乐、科幻、文学和科普等领域，还属于教育领域，其独特的视角折射出教育的价值和意义。

引导学生阅读原著，读一读电影的"前世"

电影和文学具有天然的血缘关系。每一部热门的电影背后，常常是一个优秀的小说、故事或剧本，主题思想深刻，构思角度精巧，科幻电影同样如此。科幻电影常常与原著的情节存在较大的出入，其精神内核和关键创意却常常一脉相承，通常体现为"核心设定"。《流浪地球》电影和小说的共同核心设定是：未来太阳即将毁灭，地球面临生存危机，为寻得一线生机，科学家想到把地球推出太阳系的疯狂计划——带着地球去流浪。

无论是电影还是小说，都是为了"设定"的实现而服务，其情节和故事都是沿着这样的主线而发展。由于小说和电影本身所特有的艺术表达形式、时空域，以及电影特技的限制，各自的情节自然会有所不同。"好雨知时节，当春乃发生。"当孩子对科幻电影津津乐道时，老师和家长应该及时引导他们阅读原著，对他们说：其实科幻小说的情节更加精彩，人物更丰富，想象更大胆……

在看了电影、读了小说后，老师和家长可以引导孩子分析和比较原著与电影的不同，尤其是情节和人物的不同，这样的比较是站在"设定"的前提下，一个视角是小说的作者是如何建构故事和创作人物，向着"设定"的目标演进，另一个视角是电影导演如何借助情节发展和人物关系朝着同一目标前进。《流浪地球》保留了原著小说的基本框架——给地球装上发动机，驾驶着地球去别的恒星体系寻找人类安放家园的新环境，但是简化了原著小说的人物关系，刘启和家人的关系成为主要线索，孩子可以在对比式的阅读中比较、分析和演绎，提高思辨能力、归纳能力和表达能力。

为何要引导孩子阅读原著？在比较之外，是为了让孩子更大程度上打开想象力的大门。钱颖一是清华大学经济管理学院院长、教授，他曾说过，创新能力的培养关键是好奇心、想象力和批判性思维。每个孩子在成长的过程中都需要阅读科幻小说。每一位家长，都应该给孩子挑选适合他的科幻故事。科幻小说，最重要的意义是表达了人类对于未知疆域的好奇和畅想，带领读者一起畅想未来科技的发展，带来想象力和求知欲的盛宴。我们并不认识凡尔纳，但是读他的书，足不出户就能体验遥远的神奇冒险。他笔下的科幻世界，为学生打开了一个新的天地。

与一般的小说相比，科幻小说更"烧脑"，原因在于其蕴藏的知识更加丰富，逻辑更为严密，结构更为紧凑，这就要求读者在阅读过程中始终要分析、综合、印证和思辨，这对于阅读者的阅读品质和能力提出更高的要求。如果在选择阅读书籍时评估其价值和作用的话，科幻小说无疑是上佳的选择，无论对于儿童还是成年人来说都是如此。

美国科幻作家阿西莫夫（Asimov）就曾直言："儿童应该尽早阅读科幻作品，在9岁或10岁，不能晚于11岁。"刘慈欣也坦言，他是在儿时的科学阅读体验中逐渐走上科幻写作之路的，他认为好的科幻就是"在看完之后你做了一件以前从未做过的事：走出家门，长久地仰望星空"。

探讨电影里的故事，聊一聊隐喻的"意义"

给人留下深刻影响的电影常常具有强烈的"意义感"，将世界和人生的意义巧妙地融入其中。康德说过：这个世界上唯有两样东西能让我们的心灵感到深深的震撼，一是我们头顶上的灿烂星空，二是我们心中崇高的道德法则。好的科幻小说或电影，恰好将二者结合起来，作品最后都落到人类的归宿这一宏大的主题。在观看电影后，老师和家长可以适时与孩子探讨故事情节和人物："这部电影主要讲了什么？表达了何种诉求？探讨了世界和人生的何种意义？"

正如刘慈欣偏爱的设定：宇宙级别的灾变，人类在面对灾变时万众一心的奋斗和牺牲，面对挑战时艰苦卓绝的应对等等，《流浪地球》的宏大意义也是如此，然而故事中的小人物也同样让人感动非凡，影片中家庭的纠纷和情怀是宏大意义的具象和折射。

我们还要记得与孩子一起分析《流浪地球》与美国科幻大片的不同之处，美国文化强调个人英雄主义，常常将问题的解决寄托在一个英雄身上。在好莱坞电影中，地球遭遇无妄之灾时，通常是两种解决方法，超级英雄解救全人类，或者建造"诺亚方舟"带人类逃离地球。

然而,《流浪地球》里表达的家国情怀,不仅是与美国大片的差异所在,更是打动国人内心最柔软之处的"启动键"。拖着地球逃离太阳系的惊艳设定,本身便是对家国情怀的宏大设定,正应了刘慈欣那句话:"太阳死了,人还活着。"在东方文化中,地球象征着人类全部的生活、文化和历史。刘慈欣说过:"太空旅行是一种离开本源文化去流浪的情节,如果把地球变成宇宙飞船,就有了更深的含义——我们不是在流浪,依然和我们古老的文化在一起。"

在社会转型、价值观多元化的今天,培养家园情怀对于培养孩子的精神内核无疑具有极为重要的意义,让孩子始终知道自己来自何处,将走向何处。法国浪漫主义作家夏多布里昂说过:"每个人,身上都拖带着一个世界,由他所见过、爱的一切所组成的世界。即使他看起来是在另外一个不同世界里旅行、生活,他仍然不停地回到他身上所拖带着的那个世界里去。"

谈论电影《流浪地球》,肯定绕不开流浪的话题。无论是世界的发展,还是人的发展,其实都是一部流浪史。人一来到这个世界,是懵懂的、无知的,在慢慢的心灵"流浪"中,他渐渐地找到了自我,最后能够在某处安身立命,能够欣然地接受和发展自己。一个人走上"流浪"的旅途,是不断地探索自我、发现自我,实现个人价值和社会价值的过程。正如毕淑敏所说:"我们走过那么远的路,不过是为了成为更好的自己。"

有一种成长叫流浪。国外不少高中生或者大学生毕业后选择利用"间隔年"去寻找未来生活的方向。他们让自己暂时从眼下的学业或就业重压下抽离出来,以"浪迹天涯"的形式让自己成长。哈佛大学2011年的毕业生中,多达14%的学生申请加入了美国支教的队伍,前往国内外一些较为落后的公立学校教书。这有助于学生提升创造力、沟通能力和决策能力等,最重要的是有助于对自我价值的构建和认同。

当我们的孩子想要到外面的世界去看看,很多家长会拒绝,担心他们会有"不确定"的生活，会承受痛苦、磨难，然而正是在磨难的锤炼中，孩子学会独自去与世界相处，独自面对生活，更重要的是心灵变得越来越强大，会愈发清晰地找到自己的价值以及生活的意义。

《流浪地球》蕴涵的意义远远不止这些，还有面对挑战时的勇气，遇到困难时的坚毅，悲天悯人的情怀，为了使命的牺牲等等，这些都是学生成长中必需的养料。

学习分析科学知识，学一学科学的"思维"

科幻，是与科学联系起来的，却不是真正的科学，只是对于未来科技的畅想。无论是科幻电影还是小说，或多或少蕴藏和包含着各种科学知识，能够引发阅读者去思考探究。老师和家长可以鼓励孩子在阅读过程中学习电影里的科学知识。这些知识可以分成三类：

第一种是"实然"的知识，是指那些真实客观存在的知识，或者颠扑不破的规律和事实。在《流浪地球》中有个场景：各国救援队在接到韩朵朵的求救后，纷纷返回帮助主角一行人推动撞针，不断赶到的救援队员形成队伍，把各自的手放在了前面队员的身上向前推。其实真实的科学并非如此，一般情况下最后一个人的推力无法传递到前面去。就算这些力都能传递过去，那站在第一排的队员也无法用肉身承受这些力！在分析这个场景或故事时，老师和家长可以鼓励孩子挖掘其中隐含的物理规律，如力传递规律、牛顿第三定律等。这些定律就是"实然"的知识，真实的科学知识。

在观看这部电影时，还可以触发孩子的科学火花，希望去探究更多的真实知识，如地球的构造、水循环、物态变化、地球磁场和核聚变等知识。红巨星、引力弹弓效应、洛希极限等专有名词或术语，也是在观看电影时绕不开的真实知识。

第二种是"竟然"的知识，是在小说或故事中出现的"硬核"知识，以严格技术推演和发展道路预测，描写极其可能实现的新技术、新发明，给人类社会带来影响的科学知识或发明。如 1927 年《大都会》的视频通话，1968 年《2001 太空漫游》的手机、平板电脑和 AI，1989 年《回到未来 2》的 VR 和可穿戴设备……在这些硬核科幻小说里，我们会惊讶地发现，科幻作品中的黑科技很多已经变为现实。这些知识就是"竟然"的知识，它们竟然从纸上走进了现实，竟然从畅想变成了现实。无疑对于阅读科幻小说的读者来说，这是最令人心潮澎湃的部分了。

刘慈欣的小说为何会赢得如此多的赞誉？关键在于他能把最疯狂的想象和最前沿的科技进行无缝对接。他发明的"降维攻击"这个概念就是典型的例子，如今这一概念在互联网界被广泛引用。还有《带上她的眼睛》里提到的电离层飞机、传感眼镜，也都是在科技上有前瞻性的。

越是伟大的科幻小说，蕴藏着越多伟大的能够改变世界和生活的硬核科技。《人类简史》的作者尤瓦尔·赫拉利曾说过："科幻小说帮助大众形塑了对于人工智能、生物技术等等新事物的理解，这些技术会在接下来的几十年内彻底改变我们的生活以及社会。"

最后一种是"超然"的知识，科幻小说和电影最大的核心在于合情合理而又天马行空的科学想象。作者或编剧在核心设定下，为了目标达成和情节演绎的需要，会幻想出许多科技产品。这些产品是超越现实世界和当前的科技水平的，就像在《流浪地球》中发动机、地下城、运载车等诸多"科技产品"，是为了实现帮助地球逃离太阳系而想象出来的。当孩子看到这些稀奇古怪的事物一定会惊讶和好奇，老师和家长就可以与他们讨论：未来真实世界中是否有可能？它们是以现实生活中何种技术为蓝本的？人类如何努力到达？瓶颈在哪儿？……

儿童科学教育学习，不仅需要科学知识，还需要科学的方法、思维和精神。科幻小说和电影，尽管表现的形式不一样，然而其蕴藏的精神和方法都一样，都提出核心假定，然后借助人性和科技两个元素，验证和实现目标。科学探究是什么？是提出和假设问题，然后制定方案，动手实验和验证，之后再根据目标调整方法，最后达到目标。阅读科幻小说或者观看科幻电影，如出一辙，其实就是科学方法的学习。

科幻的本质是幻想，这样的幻想不是空想、乱想，而是具有内在逻辑的想象。幻想一件事物很容易，但当你要幻想诸多事物，之间并不矛盾，而且还要符合小说内在的情节和人类的生存规律，这样的挑战就显而易见了。阅读科幻小说也好，观看科幻电影也好，将内在逻辑读懂、读出来，就达到科普的目的了。

上海市科普作家协会名誉理事长、天文学家卞毓麟在评论《流浪地球》时不吝赞誉，然而也提出了"白璧微瑕"的例子：影片中多次出现的"流浪"地球，南半球始终一片漆黑。这可能反映了主创人员的一个误解，以为地球假如停止自转，就会有半个面永远对着太阳，另外半个面则陷入永远的黑夜。其实，真正的科学并非如此：完全停止自转的行星绕太阳公转一周，行星上的每个地方都会轮番照到阳光。唯有当行星的自转周期与公转周期相同，才会一面永远对着太阳。月球永远只是一面对着地球，正是因为其自转周期与公转周期相同。

卞毓麟还提到："当然，对于这种瑕疵，我们不必苛责。"对于科幻电影和小说，主流的意见一直是这样：不是科教，不妨宽容科学硬伤。然而这并不妨碍我们去辩证地思考小说或故事内在的逻辑结构，以及考证科学知识的真伪。辩证思维、批判性思辨一直是科学研究的常用方法，也是我们在阅读科幻小说和观看科幻电影时所应持有的态度。

朗读:阅读课堂的"吸睛时刻"

电视节目的收视率高低,取决于其内容和质量。还有一个影响收视率的重要因素就是节目一开始的质量好坏,这个时间被称为"吸睛时刻"。无论是幼儿刚开始阅读时,还是学校的阅读课堂,朗读就是让孩子喜欢上阅读,全身心投入的"吸睛时刻"。

朗读关乎学生的阅读素养

朗读一直受到国外家庭教育和学校教育的重视。新加坡的孩子在出生时,医院就会嘱咐产妇"如何读书给婴儿听",鼓励通过简单的故事,唱儿歌来加强婴儿与母亲的联系。这是从婴儿时就开始通过朗读培养阅读能力,不必非要等到儿童识字才开始去阅读。

美国儿童阅读指导中心通过大量实验研究,总结出儿童阶段在阅读方面要掌握的五大能力,分别是:音素意识、自然拼读、词汇、流利度、理解能力。由于朗读时需听、读、想象、理解,发挥多种感官的作用,从而促进低龄阅读者五大能力的培养。根据美国心理学家、阅读研究学者珍妮·查尔（Jeanne Chall）提出的儿童阅读发展规律，早期阅读阶段，孩子初步建立对书籍的直觉，通过成人的讲述了解到语言与声音的关系，进而了解书籍、文字代表某种语言，了解书籍和文字是故事、信息的载体。6—7岁阶段是文字解码阶段，孩子开始形成文字解码能力，可以阅读、理解简单的文本，学会朗读文章，需要朗读表达出来。接下来的阶段，是流利度培养阶段，学生应该逐步学会运用正确的意群、音高、重读和语调来朗读，进一步提高阅读流畅度。只有通过每个阶段正确的引导和培养，学生才能成长为成熟的、高效率的读者。

我们生活在一个声音的世界，听力理解的进步有助于阅读理解的进步。我们的成长经验告诉我们，一些拼法简单但用法难的词，是通过不断的听到而渐渐学会的。美国教育家吉姆·崔利斯认为，当大人读书给孩子听的时候，有三件重要的事同时发生：孩子和书之间产生一种愉悦的联结关系；家长和孩子同时从书里学到东西；家长把文字以及文字的发音灌输到孩子的耳朵里。

在理解能力培养方面，朗读也起到重要的作用。朗读能够刺激孩子深入理解文章和书籍，有助于他们聚焦文本内容、作者的手法，或者阅读的策略。这不仅对于英语学习有极大的裨益，对汉语学习也是如此。

更为重要的是，这是一种智力开发和促进五官发育的方法。朗读时口腔、肌肉、舌头等发生的运动，激活额叶、颞叶和顶叶等多个区域，能够打开我们大脑表层到深层的记忆回路，记忆品质因而得到改善。这些区域的"锻炼"恰恰有助于提高记忆力和注意力。

用朗读叩开想象的大门

朗读可以让孩子惊讶地发现阅读还有奇妙的多种形式，他们用口去表达、用耳朵倾听、用大脑想象……充分发挥五官的作用，这是一种让平面静止的画面变得形象、立体、有趣起来的阅读手段。当你在朗读精心挑选的文本时，你正在经历一次自由自在的"迷人的、神奇的、有冲击力和吸引力的"语言和文本之旅。

无论是学生自己朗读，还是倾听老师朗读，这个过程是转化的过程。优秀的读者会在文字、声音、想象三者间协调地切换，大脑始终在激活人的感知能力，并与大脑中储存的信息形成共鸣，使得人、景、物变得立体起来，变得栩栩如生。

朗读时的想象力是一种"有限"的想象力，是基于文字和声音的想象力，如果孩子一直有机会能够将文字和声音变成想象的话，他的想象力自然而然就会培养起来，到后来便是一种"无限"的想象力，便能海阔天空地想象。或许这是朗读带给学生阅读之外最大的"衍生品"。

梅根是美国作家、《华尔街日报》儿童图书书评家，她曾说："在头脑中创造出一个世界的能力是需要锻炼的。孩子们如今被可视读物惯坏了，他们不会再闭上眼睛想象出一个世界，想象那个世界中的人们长什么样，那个世界的服饰、气味以及地貌。"在她眼里，如今的孩子需要想象，朗读是从声音世界摆渡到文字世界和想象世界的重要桥梁。

朗读是建立人与人之间的关系

日本"绘本之父"松居直在《幸福的种子》这本书里如是说："念书给孩子听，就好像和孩子手牵手到故事国去旅行，共同分享同一段充满温暖语言的快乐时光。即使经过几十年，我们仍然以自己的方式，将这些宝贵的经验和美好的回忆珍藏在内心深处。"

研究证明：在孩子四个月之前，你读什么书给孩子听其实没有很大差别，重点在于朗读这件事本身。当你朗读时，孩子会渐渐熟悉你读书的声音和韵律，进而产生安全感。朗读故事会拉近人与人之间的距离，无论是情感上还是生理上。孩子会觅到安全感，成长的安全感，那些来自家人和师生的安全感以及文字滋养的安全感。

在课堂上，朗读者的朗读，倾听者的倾听，一读一听间，建立了融合和交流的密切关系，是思维的交流、情感的交流，更重要的是，借助文字和声音在彼此的心灵间建立了共鸣、默契和感应。这样的关系可谓是"执中默契心传妙，勤有无穷学问加"。

当然，朗读还会催生更重要的关系，那就是孩子和书之间产生一种愉悦的联结关系。儿童时期的联结关系一旦建立，就会牢不可摧。即使世界上身边所有人都离开他，他也不会感到孤独，内心依然强大，因为他有书籍相伴，文字相随。

适合朗读的文字通常有着"诗"的美，有着作者美的灵感以及对美的独特表达。朗读就是将这种美还原。情节的起承转合，人物的喜怒哀乐，语言的意韵情达……朗读将这些直接传递给读者和倾听者，体验感、生动感、形象感应时而生。

如何才能达到最好的学习效果，一直是学习科学研究的核心。在最安全的人际环境下，激发学习者的兴趣，丰富学习者的体验，应该能够实现这样的目标，朗读，似乎就符合了这样的特征。

何时朗读最为关键

有趣的是，有个重要的研究发现，朗读与高水平的阅读之间并没有必然的联系，阅读水平高的学生在阅读课上更愿意选择默读而不是大声地朗读。国际阅读素养的研究也证明，在众多参与监测的国家中，56% 的老师每天会要求大部分学生对所有学生进行大声朗读，但是很少有学生会自我大声朗读，而且那些经常独自默读的学生阅读表现水平更好。

这就产生了有趣的问题：朗读到底有帮助吗？何时朗读会有益？古典文学研究专家叶嘉莹，在接受《朗读者》节目采访时说，在她心目中，吟诵是诗歌生命里最重要的一部分。古人作诗大都是伴随着吟唱写出来的。现在的年青人找不到一扇进去的门，所以她一辈子不辞辛苦所要做的事情，就是把这扇门打开，让大家都能走进去。在叶嘉莹眼里，朗读是为人们打开阅读的大门。

《朗读者》还未到开播时刻，观众们就等在电视机前，等待主持人董卿的出现。其实，这个节目也扮演着开门人的角色，借由朗读的魅力推广阅读。在将最有生命力的文字融入人们的血肉筋脉，滋养心灵时，让人们感受到朗读的魅力，享受朗读，从而爱上阅读。让孩子越小接触到朗读，就能越快地领着他们进入阅读的大门，所以，"出名要趁早"，朗读同样也要趁早。

同是"朗读者"，《朗读者手册》是一部研究朗读的教育经典之作。《朗读者手册》的作者崔利斯提倡"大声为孩子朗读"，认为成年人给孩子朗读时，就好比是一代又一代地传递着火炬——阅读的火炬。

朗读的材料选择也至关重要，挑选的原则是"快乐，快乐，还是快乐"，选择那些符合孩子需要和兴趣的故事，而不是那些讲道理的故事。朗读的根本目的是让孩子喜欢上阅读，一旦他们喜欢上阅读，就会自然而然主动地阅读。

以下是《朗读者手册》里重要的朗读建议：

1. 尽早给孩子朗读，你越早开始，做起来越容易，效果越好。

2. 给刚出生到学步期的孩子朗读的主要内容是文句重复的书，随着孩子的成长，再增加可预测情节发展的韵文书。

3. 重复朗读可预测情节发展的书时，偶尔在关键的词或句子上停下来，让孩子自己说出关键内容。

4. 只要时间允许，就经常为你的孩子或班级朗读。

5. 每天至少安排一段固定的读故事时间。切记：聆听的习惯是后天养成的，我们必须逐步教导、培养孩子——聆听不会在一夕间形成。

6. 朗读要有始有终。一旦开始读一本书，你就有责任把它读完——除非发现它是一本坏书。别指望孩子在章节之间等了三四天还能维持兴趣。

7. 偶尔读一些内容较艰深的书，挑战孩子的头脑。除非孩子的想象力与注意力足够成熟，否则应避免朗读太长的描述性段落。根据情况缩减或删除没什么不对。

8. 如果章节很长，或者你每天没有足够的时间读完整整一章，那么请在悬念处打住。让孩子意犹未尽，眼巴巴地盼着下一次的朗读。

9. 朗读时，给孩子几分钟的时间定下心来，调整姿势，准备好心情，来聆听故事。如果读的是一本小说，开始朗读前问一下昨天讲到了哪里。

10. 在读完一个故事后，抽出时间与孩子讨论。如果孩子沉浸其中，那就帮助他用口语、写作或艺术创作的形式处理产生的情绪。不要把讨论变成随堂测验，也切不可盘问孩子对故事的理解。

11. 做一个好的引导者。当你朗读到书中的某个关键部分，但听众可能没有意识到时，你应该停下来，小声地说："嗯——这里很重要。"

12. 适当鼓励大孩子读书给小孩子听，或者同学间互相朗读，但只能偶尔为之，不能完全取代你。切记：大人才是小孩最终的榜样。

阅读时，不妨手中拿支笔

古人读书强调要"眼到、口到、心到、手到"。"眼到"好理解，是用眼睛看。"学而不思则罔"，"心到"是阅读真正发生的必要条件，读者没有用心去领悟文章的思想和主旨，这样的阅读只能说是"虚假阅读"，或者"浅层阅读"。"口到"倒是一道选择题，萝卜青菜各有所爱，有人喜欢大声朗读、吟诵，有人习惯默读，也有人热衷边看边低声读。"手到"也不是"必需品"，它不是阅读的"标配"，然而却是培养阅读习惯、提高阅读质量的"营养品"，如果善于用笔的话，无疑对于提高阅读品质会有很大的帮助。

用笔画重点、记笔记

阅读，其实是邂逅的旅途，阅读时，总会邂逅一些直击人心、发人深省甚至令人泪流满面的句子，总会邂逅那些让我们醍醐灌顶、豁然开朗甚至刻骨铭心的话语。这时，我们要捡起古老的习惯：抄下来。

好记性不如烂笔头。"手到",最好的办法是手中有支笔,最简单的是,一边阅读,一边圈圈、点点、勾勾、画画,将关键词、段落、案例、警句良言等影响或启发最为深刻的部分标记出来。经济学家帕累托发现,在任何一组东西中,最重要的只占其中一小部分,约 20%,其余 80% 尽管是多数,却是次要的,或是无效的,因此他提出了著名的帕累托"二八定律"。这个定律同样也适用于一本书,全书最重要的内容只占 20% 左右,只要读者将这 20% 记住,能够领会应用就达到很好的效果了。

尤其在知识爆炸、更新呈现加速度的时代,读者更要学会"断舍离",果断舍弃书中的非必要部分,选择精华部分或者对自己有用的信息。有时我们需要对一本书一读、二读,甚至更多次阅读,此时画重点的办法就会起到极大的帮助,使得我们再次打开书时能很快找到需要的内容,这也是研究的基本方法。

边阅读边画重点的好处,还在于帮助读者提高关注度和注意力。尤其对于低龄阅读者,阅读一段时间后,思想容易开小差,即使是目光在随着文字向前移动,也只是像大禹治水当年一样"经过"家门而已,却没有"入室"。当一个孩子坐在座位上,拿着一本书,他的眼睛飞快地掠过字词,手上没有任何动作,读完之后也没有理解故事情节,头脑中没有留下任何东西,那这样的阅读经历对于他来说就没有多大意义。假如他的手里拿着一支笔,一边读,一边让笔跟着目光移动,或者及时将重点画下来,他的注意力始终会关注在阅读上,不会流离。

德文·赫斯(Diven Hess)是美国教育技术和社会研究课的教学专家,他在讲到用笔和纸实施"起标题和画重点"策略时,说到这样做的原因是"让孩子们思考他们为什么阅读"。通常孩子们会阅读整个段落,理解其中的所有单词,但永远不能放慢脚步寻找意义、价值和主要观点。如果借助笔的话,那就起到了阅读速度和质量间平衡器的作用。

北大教授郑也夫也提倡读书时要记笔记,他说:"笔记是给自己做的,自己能看懂就行。"笔记可以记得极其简短，实际上是一个索引，看到两个字，哦，他说的是这个观点。或者再加个页码，日后要引用，要深入思考，把那本书拿来翻到那一页，就行了。这其实也是一种研究方法。

批注是很重要的方法

笔还有个用途是批注，也就是将阅读过程中产生的联想、收获、疑惑、点评等写在书上，捕捉阅读过程中生成的火花。国外的有些书籍与国内的书籍在印刷、设计和装帧上有着显著的不同，就是每页的左右边距相对比较宽，这样做的目的就是留给读者足够的空间用来批注。

在读书方面，伟人毛泽东绝对是我们学习的楷模，一直以"读书破万卷，下笔如有神"而著称，原因不仅在于他喜欢读书，还在于他善于读书。如何读书，他有个法宝就是"批注"，会在书籍上见缝插针地写上阅读过程中产生的感想、评论，有时甚至批注的文字会多于页面上的印刷文字。

在毛泽东出版的书籍中有个特殊类别，就是批注集，如《毛泽东读文史古籍批语集》是他读 39 部文史古籍的近 300 条批语，《毛泽东评点二十四史》收集了他在阅读"二十四史"中做的一些圈画和批注，《毛泽东手书古诗词选》《毛泽东手书历代诗词曲赋典藏》等则反映了他在阅读古代文学作品时随手书录的情况。甚至，在他留存的一些书籍上，写有某年某月"起读""再读"这样的笔迹，与之相随的是，不断增加的体会、备注等批注。从这些批注中可以清晰地看到毛泽东的思想不断深化，认识不断深入的过程。

在阅读批注的过程中，毛泽东不仅是一名阅读者，还是一名"评论员"和"联系员"，对所读的书进行分析和比较，对内容建构自己的看法和观点，开展批判性阅读和思考。正因为这种别具一格的读书方法，他将书读活了，把书变成了他认识世界和改造世界的工具，才使得他在实践和理论中达到进出自如、出神入化的境界。

写作是阅读的终点

用笔的最高境界就是"输出"，用它来写文章，"我手写我心"。其实这也是阅读的最高境界。老师和家长要鼓励孩子在阅读的过程中写，在阅读后写，不断地写。写本身是输出的过程，是对所读的内容咀嚼、消化，再结合自己的经验、体会，形成自己文字的过程。

这个过程也是公共知识和他人知识转化为自我知识的过程，是思想磨砺的过程，是语言选择的过程，是观点生成的过程。或许一开始会有些痛苦，当然写作很少是"毕其功于一役"的事，只有有意识地坚持不懈地动笔，思想也好，文字表达能力也好，才会"不请自来"。俄国大文学家契诃夫有个很夸张的说法："请你尽量多地写，请你写、写、写——写到手指头断了为止。"

如今孩子的写作能力普遍不高，到了写作文的时候常常是"咬破笔头，无从下手"。原因在于孩子在阅读时输出意识不够强，笔用得不够勤快。如果孩子在阅读时能够带着输出的目的去阅读，用好手中的一支笔，那么阅读质量和写作质量就是另一回事了。

当然还有个比较简单的办法，或者说支架办法，就是制作思维导图，在阅读中提炼要点，整理书中自己感觉重要的部分。思维导图是帮助阅读和思考的工具，也是学生在动笔写作前重要的构思工具。

最后，还要有意识地输出，告诉别人或者自问自答这本书讲了什么，哪里有趣，有什么方法可以解决文中存在的问题等等。日本作家大岩峻之的《实用性阅读指南》说："所谓的输出，包括向他人讲述和写下来两个层面，以输出为前提，再去阅读（输入），就会非常有效率。"

输出的过程是一种思考力的培养，学生的阅读会成为主动阅读，边阅读边思考。有了框架结构和任务驱动，写作意识就会在孩子头脑中慢慢滋生，孩子就会养成动手的习惯。长此以往，学生对于阅读的喜好不仅将有增无减，还会激发研习、写作的冲动，建构出属于自己的、丰厚的阅读史和精神史，甚至写作史。

余秋雨还说：写作是许多人必备的素质。在这个识字已经比较普及的时代，写作首先是练习一种与社会、与人沟通的方式。如果学会了写作技能的话，实际上就学会了一种与人沟通的方式。所以练习写作不仅仅是为了应付考试、完成任务，更是学习和世界对话的方式。

说起阅读素养和能力，其实就是三件事：第一是在众多的信息中能找到、确定和甄别你所需要的信息，这就是所谓的信息收集能力；现在的知识和信息，不是太少，而是太多，找到重点是关键。第二就是能够结合个体的经验和情况，与文本开展对话，挖掘文本所蕴藏的意义，或者用自己的话去解释，将文本语言系统转化为自我的话语系统，就是思辨分析能力。第三就是生成属于自己的东西，如思想、观点、文字等等，某种意义上就是一种应用和创新能力。

对应着阅读素养和能力的三件事，也就是三个不同的能力阶段。用好一支笔的话，时间一长，阅读者就达到了"常看胸中有本，常写笔下生花"的境界。

让学生爱上
阅读的创意活动

培养学生的阅读兴趣，让他们喜欢上阅读，是让他们成为终身阅读者的关键。尤其对于刚刚开启阅读之旅的学生，活动的趣味性尤为重要。

以下的创意读书游戏和活动，能帮助学生拥有更深入的阅读体验，让他们踏上愉快和深度的阅读之旅。

方法1：写一封建议信。写一封信，说服朋友阅读自己读过的故事，告诉他们推荐的理由，何处最精彩等。也可以写信给作者，告诉他你喜欢什么，不喜欢什么。当然要以友好和探讨的口吻进行交流。

方法2：做一名"单词猎人"。在故事里找到表达相同意思的单词，如表示"说""想""心情""行"之类的单词，做一个"一词开花"的游戏，越多越好，从而积累词汇，提高学生语言表达的丰富性，以及促进对人物情感的理解。或者根据故事里的单词，设计制作中文或者英文填词游戏，开发读者的智力。

方法3：制作"迷你书"。将所读的故事进行缩写，并制作迷你书，有封面、故事情节、插图等基本要素，图文并茂，立体形象。或者将一张纸折叠起来，在不同的页面写上故事情节，可以根据情节或教学的需要，有六折、八折、十折皆可。这个活动有助于学生把握整体框架架构，以及提高写作能力。

方法4：画一画。在故事中挑选最让人感兴趣或者最滑稽的部分，然后画出来，并在底下说明。也可以将故事的主要情节画出来，制作绘本。还有一种简单的方法是给故事画一张情节发生的时间表。或者画一张故事地图，每张图片的地点具有代表性，能够将故事串联起来。逃生或逃亡是许多故事的主题，学生可以根据文本设计逃生线路，整理出故事的情节链。为书籍设计封面、书签，也是不错的方式。

方法5：角色大转移。读完一本书或一个故事后，问问孩子喜欢里面的哪个人物，然后让他把人物的名字换成他自己的名字，将故事讲给他人听。再问问他感觉如何，是否对于故事的角色认识更清晰了。这是移植"第一人称"的做法，角色大转移还可以按照"第二人称""第三人称"替换故事的人物。

方法6：推销书籍。组织书籍推介会，让每个同学推销和介绍他们读过的、最喜欢的一本书，可以制作海报，将书名、作者、人物、情节和推荐的理由写在上面，也可以让学生投票，看看谁的书推销得最成功。

方法7：比较故事与电影。现在很多电影是由小说改编过来的，鼓励孩子们读完故事后，去找同名电影看看，然后比较里面的情节、人物，他们一定会大有收获，并在观看电影中对故事的理解更深刻。倒过来也可以，先让孩子去看电影，然后再去阅读，从不同的角度理解主题和情节。

方法8：角色表演。选择适合表演，对话相对比较多的故事，让孩子挑选角色扮演。表演是促进学生阅读的方式，他们会记忆和揣摩角色的每句话，并穿着角色的衣服，进入角色。表现的形式也可以多样，如课本剧、音乐剧、短剧、戏剧等等。

方法 9：拼图法阅读。将一个故事或者一本书分成不同的部分，让几个学生阅读，然后让他们一起到台上分享交流；之后让底下听的学生，按照故事的内在逻辑给故事排顺序。这样的阅读方法是合作阅读，既是对"读"的检验，也是对"听"的检验，大家一起阅读，最后变成所有人共同的收获。

方法 10：制作"汉堡包"阅读报告。先制作阅读报告单，从上到下依次是"上层面包""酱汁""蔬菜""番茄""奶酪""牛肉""下层面包"，画出类似的图画，并注明；学生在阅读后将"书名、时间和地点、主角、情节、结论、最喜欢的部分及场景"写在相应食物的旁边。一个"汉堡包"就是整个故事的框架。

方法 11：阅读马拉松。给孩子制定不同的"里程数"，相应的里程数对应的是不同的阅读量。当孩子读完规定的书后，就颁发奖章，鼓励他坚持阅读，直到拿到大奖"阅读马拉松金奖"。还可以制作"阅读护照"，教师提供的书目可以来自世界各国，学生在读完一本书后老师贴上某个国家的国旗，显示他"到过"了某个国家。"银行存折"也是激励学生持续阅读的方法，学生每读一本书或者多本书，就可以在"银行"里存入一定的"钱"。无论是阅读"马拉松"，制作"护照"，还是"银行存折"，都是促进学生持续阅读的方式。

方法 12：制作立体故事场景或物体。阅读故事后，重现故事里的场景或物体，比如童话故事里的城堡、房子、动物等等皆可。在读完整本书后，还可以在场景区表演，重现故事。这还能培养学生的动手能力。

方法 13：续写故事或者改写。阅读故事后，可以让学生续写：接下来还会发生什么？人物和情节还会有怎样的发展？也可以让学生改写故事结局，将故事的最后一部分换成自己的，然后讲给大家听，说说为什么这么改写。除了改变结局之外，还可以将故事中间挖空，让学生自己撰写，锻炼学生通读的能力、分析上下文的能力和写作能力。这是一种创意写作活动。

方法14：实地体验。将阅读的经验和经历融入生活。如果你和孩子阅读了一本关于猎豹的故事，那就带他到动物园去，看看真实的猎豹长得怎么样，与书中描述的有何不同。

方法15：抢答游戏。老师和家长可以将故事里的有趣细节或者知识，编成抢答题和竞赛题，学生通过"抢答""寻宝"等游戏活动，在阅读中找到答案，这个活动还能帮助学生培养浏览、快速浏览、跳读、抓住关键信息等阅读方法，并深入文本。

方法16：我与主人公比童年。选择那些描写童年的故事，让学生比较自己与主人公的童年生活，看看有何不同。选择的视角可以多种多样，如生活环境、家人、朋友、爱好等等。将自己与作品联系起来，学生会兴趣盎然，挖掘可以比较的素材，便将浅阅读变成了深阅读，而且会增加学生的体验和感受。

方法17：建造词汇阵营。许多故事里蕴含着丰富的词汇，有些是积极的，有些是消极的；还可以根据褒义词和贬义词分类；或者按动植物分类等。学生在阅读过程中用不同的颜色画出来，读好后分类，写在彩色的纸上。老师可以把这些纸贴在墙上，形成词汇墙，让学生每天可以接触，在耳濡目染中学习词汇。

方法18：飞花令。飞花令是《中国诗词大会》里比赛的形式，同样可以用于诗词类的阅读，学生轮流背诵含有关键字的诗句，"飞花令"考查的是选手们的诗词储备以及临场反应能力。《中国诗词大会》里还有一种活动形式——诗词接龙，也是诗词阅读考查的方法，每个同学可以根据上一个同学背诵的最后一个词为首，背出相应的诗词。

方法19：共享阅读。阅读完某一本书，到豆瓣、亚马逊、读书论坛等公共阅读空间，对书进行点评或者写读后感，然后经常登录，看看他人的点评，与自己的观点有何相似或不同，这绝对是培养思辨能力的好方法。

方法 20：跨媒介主题阅读。主题阅读是阅读的最高层次，教师可以设计以某一个主题为核心的系列跨媒介阅读。如以"童年"为主题，开展《城南旧事》整本书阅读、观看电影《童年随之而去》、欣赏罗大佑的歌曲《童年》、设计一幅"点亮童年"微视频海报、画一幅《童年趣事》的画、阅读丰子恺童年漫画等等，学生会对童年的主题有深刻的理解。

方法 21："记者"招待会。一组或全班学生一起读完一本书后，安排好故事主角或者其他角色以及"记者"，"记者"向故事人物提问与故事有关的问题；也可以由一个学生担任"故事发言人"，底下的学生轮流向他提问。

方法 22：六色帽子阅读。六顶思考帽是英国学者爱德华·德·博诺博士开发的一种思维训练模式，不同的颜色代表着不同的立场。白色代表中立客观性思维，绿色代表跳跃创造性思维，黄色代表乐观积极思维，黑色代表谨慎消极性思维，红色代表感性直觉思维，蓝色代表冷静逻辑性思维。

这个模式也可以用于阅读教学，教师可以制作六顶不同颜色的帽子，学生在阅读故事或者文章后，将相应的情节、角色、背景、言语、描述根据思维特征放入与六种颜色对应的帽子里。学生在选择帽子时会非常兴奋，当然这也是促进他们思维发展的过程。

方法 23：KWL 阅读。KWL 是指 K-W-L 表，是国外在教学中最常使用的学习图表之一。K 是 know，即"（关于主题）我已经知道什么"；W 是 want，即"（关于主题）我想知道什么"；L 是 learned，即"（关于主题）我已经学到了什么"。学生在阅读前，老师就下发给他们一张标注 K-W-L 的表格，针对一个话题，让学生通过讨论，填写这个表格。把自己已经知道的，想要知道的，以及读完文章之后学到的，通过表格的形式进行归纳。

方法 24：创造发明式阅读。阅读了介绍运动、游戏、科技方面的书籍之后，可以让学生自己设计一种新的运动、游戏或者小制作，将书上平面的描述变成立体的实物。在创造和制作中检验他们理解的程度，培养动手实践能力。

方法 25：爱屋及乌阅读。选择一些与学生最喜欢的角色相关的书，如果学生喜欢米老鼠，那就找一本主角是米老鼠的故事书，让学生能够找到共鸣。学生喜欢什么，就让他们阅读相关的书籍，一定会激发他们的阅读欲望。

方法 26：骰子问题法。教师先制作六面的骰子，在每一面分别写上"谁、什么时候、什么地方、如何、为什么、什么"。两人一组，当一名学生掷骰子后，就根据掷出的问题，结合书籍内容，向另一名同学提问，之后，变换角色互相提问，一直到问完所有问题为止。

创意阅读的核心，是创意，将一般的读书学习变成富有创造意义的活动过程，引导儿童在阅读学习中充分想象和创造。创意阅读的价值在于学会阅读、学会想象、学会创造，将原来相对枯燥的活动变成了趣味横生的阅读。

"众乐乐"式
阅读的活动设计

总的来说,阅读是个人的事。喜爱阅读的人,总会找到自己感兴趣的书,能有条不紊地自我安排阅读和掌控阅读节奏。而且,书中的文字只有经过读者的心灵默默感应和真切感悟,才会焕发出意义和价值。这样的阅读方式被称为"独立阅读"或"静默阅读",是"独乐乐",有利于读者的独立思考,以及与文本开展深度对话。

在交流分享中体会阅读的乐趣

从某种意义上说,"独乐乐"是阅读的最终状态,是阅读教育培养的目标,但是大家一起阅读和交流的"众乐乐"式的阅读,也是一种重要的阅读方式。大家共同阅读书籍,互相交流阅读体会,构建起一种"兴趣场"和"信息场",有利于阅读兴趣的培养和阅读能力的提升。

家里的睡前故事就是典型的"众乐乐"式阅读活动。父母为孩子讲述故事,孩子听着故事,还不时提问,无论是对于增进亲子关系还是培养孩子的阅读理解能力都具有良好的效果。亲子共读的意义还在于：大量的、愉悦的亲子阅读，增加了家长与儿童的共处时间，可以在孩子心灵与记忆里储存暖暖的安全感。时间一久这种安全感会转化为他们信任朋友、呵护他人的品格。

校园生活本身是一种社交活动，需要学生彼此合作，互相交往。合作化的阅读不仅能够促进学生之间的交流，更重要的是能揭示阅读意义和价值。学校的合作性阅读活动，或者班级读书会，大家阅读和讨论某些书的内容，以及个人喜欢某本书的原因，是一种培养学生阅读习惯和爱好的好方法。

每一个学生会有不同的阅读兴趣点，即使是同一个文本，也会产生不同的体验和感受。教师鼓励和激发每一个人独特的阅读爱好、兴趣和体验，这不仅能有效增强学生和教师的互动交流，更能培养学生的阅读成就感。合作、交流和分享，是一种更加开放、无限生成的阅读方式，学生在此过程中，不断获取他人的想法和观点，丰富自己的认识，他们可以体验到在不同的读者眼中，文字有着不同的意义。而且，共享和交流可以激发学生情感上的共鸣，当学生听到同伴讲出与自己一致的想法，内心会产生强烈的共鸣。

紧密型的合作阅读方法

交流和分享活动，是需要方法和技巧保证的。有效、合理的合作方法，才能促进交流和分享的真正发生，促进阅读活动的有序开展，激发学生之间的思维碰撞。好的合作活动中，每个人的角色或作用是不可或缺的，所以设计高结构性、合作性的阅读活动至关重要。

（1）当阅读篇幅比较长的故事时，可以两人或多人轮流大声朗读故事，这样学生不会感觉枯燥，思想不容易开小差。

（2）从故事中挑选自己最喜欢的一页、一段或一节，读给同学听，这是一种很好的分享和激励方法。学生们总喜欢听到"最"这个单词，他们乐于将自己最喜欢的东西与他人分享。很多学生交流时会紧张，讲不出所有的故事情节，或者缺乏抓住重点要害的方法。"最"字法能降低交流的难度和要求，让他们轻松地开口表达，并乐于将他们知道的与他人分享。

（3）阅读故事后，学生写五句内容正确的句子以及不正确的句子，让同伴辨别哪些是正确的，哪些是不正确的。之后，讨论不正确的句子为什么是不正确的，根据故事内容修改。

（4）根据故事，一个人设计五个问题，然后邀请同伴回答。在回答时两人分享理由和原因。自行设计阅读题目，有助于发挥学生阅读的自主性和积极性。孩子会积极深入地阅读，将陈述句变成疑问句，将故事中的情节变成问题是学生咀嚼文本、深入分析文本的过程。

（5）两人轮流复述故事。学生复述时可以用故事中原文的第一句和结尾的最后一句，中间部分要用自己的语言来讲。形式上可以你一句我一句，也可以你一段我一段，或者你一章我一章，这样以接龙的形式完成故事的复述。此活动要求学生通读、熟读整个故事，然后转化成自己的语言，有利于他们的口头表达能力和逻辑思维能力的培养。

（6）两个学生阅读同一个主题的不同故事，如恐龙、地震、海啸等，然后分析两者的相同和不同之处等。学生会饶有兴趣地想对方的故事讲了什么，找出与自己所读故事的异同。比较式阅读有助于培养学生的思辨能力和批判性思维。

（7）同一文本内的比较，即选出故事中的不同角色，让两人一起比较他们的相同和不同之处，说出他们的性格、特点、外貌以及对相同情况的不同处理、反应和行为。

（8）编写故事，将故事改编成事件序列的形式。一般来说，七八句，增加点难度的话，可以有十几句。让两人一起去排序，你一句我一句，并说出理由，这样能有效检验学生理解文本的程度。

（9）角色扮演。在阅读故事后，大家根据故事中的情节，扮演不同的角色。角色扮演能有效地激发孩子阅读的兴趣，研究表明低龄的学生具有鲜明的"角色意识"，乐于以人物角色的参与和扮演表达对故事和世界的理解。

（10）在两人阅读故事后，一个学生用图画的形式去表达对故事的理解，而另一个学生对照图画用文字描述里面的情节、人物和内容。在图画和文字之间切换有助于学生理解故事，增加对故事的整体理解。

（11）两人一组，开展阅读竞赛，看看一周或一个月里谁的阅读量多，给予阅读量多的孩子或伙伴一个称号，如阅读小富翁、阅读小天使等，或者小小的奖励。当然还要比赛阅读的质量，可以结合读物设计一些测试，检测阅读质量。

"众乐乐"式阅读是微型文学阅读圈

"众乐乐"式的互动式阅读，目的在于通过生动活泼、容易交流的活动形式，驱动学生对于文本的理解和深入的阅读，以及同伴间的分享。这是一条通往理解文本的道路，能够唤醒阅读的喜悦和欲望，最终使学生能够独立阅读，成为一名独立的阅读者。

"众乐乐"式阅读活动，其实也是微型文学阅读圈的建立。每个人选择读物后，先独立阅读，再分享个人对文本的回应，然后共同决定探究的议题，进行深入的探讨。班级里的读书会，学校里的阅读交流会，社会上的阅读讲座或交流会，都是阅读圈的表现形式，是帮助读者找到归属感和社群感的方式。

在阅读圈中，每个学生的地位是平等的，他们按照特定的角色和任务表达独立阅读的成果，同时充分倾听彼此的见解。而且，每个学生的角色都是不可或缺的。"众乐乐"式的阅读活动，如果离开了伙伴，阅读就会难以为继，或者说交流和分享的质量将大打折扣。由此可见，在一定程度上，合作性的阅读方法使得每个学生成为阅读的主人，建立了良性互动的阅读交流圈，并保证了微型文学阅读圈合作、分享和探究的效果。教师扮演的是示范者和协助者的角色，协助学生探究知识，正如梅贻琦所说的"大鱼在前面游，小鱼在后面跟"。

"众乐乐"式的阅读活动，是一种开放性的阅读教学活动，尊重学生的自由表达与独到见解，帮助学生通过阅读分享，发现自我、提升自信，形成良好的综合能力与思维品质，培养他们阅读的兴趣和习惯，并使他们获得终生自我学习的能力。

每个学生都能成为"经典"的创作者

如果要问儿童最喜欢看什么故事,估计90%以上的儿童会选择童话。丰富的想象、夸张的形象、离奇曲折和引人入胜的故事情节、通俗生动的语言、拟人的方法等等,紧紧抓住孩子的目光和心灵。美国英语课堂珍视童话涵养和滋润人性的重要价值,将童话教学视为重要的教学内容,即使在初中阶段也依然很重视。在经典童话阅读的模式上,他们鼓励学生阅读多种版本的童话,然后创作属于自己的版本。

鼓励学生根据兴趣选择文本

在一次美国加州格伦初中的观摩课堂上,学生们正在上童话创作表演课。与我们常常指定文本要求学生们阅读同一个故事不同的是,他们每个小组有材料自主选择权,以小组为单位选择主题,所以学生们阅读的故事并不一样。包括《杰克与魔豆的故事》(*Jack and the Beanstalk*)、《蚱蜢和蚂蚁》(*The Grasshopper and the Ant*)、《狮子和老鼠》(*The Lion and the*

Mouse)、《汉赛尔与格莱特》(Hansel and Gretel)、《丑小鸭》(The Ugly Duckling)、《公主和豌豆》(The Princess and the Pea)、《小红帽》(Little Red Riding Hood)、《龟兔赛跑》(The Tortoise and the Hare)、《侏儒怪》(Rumpelstiltskin)、《金发歌蒂与三只熊》(Goldilocks and the Three Bears)。这些是英语文学中的经典童话,可以说是家喻户晓,美国的孩子是阅读着这些经典长大的。

由于这节课最后表现的形式是木偶剧,教师鼓励孩子选择不同的主题,这样当最后一天表演时,教室变成了众多童话故事展演的"舞台",英语课变成了每个人表演和参与的"节日",不同的故事在课堂上通过学生的文字、声音、肢体语言等演绎出来,展示出学生对于文本深入的理解和再次建构。

自主选择性阅读更多地体现为个性化阅读,这种个性化不仅体现在阅读的过程中,要求学生形成独特感受、体验和理解,促进个体心理世界与文本世界进行对话、交流,还体现在文本的选择常常基于个体的偏好和兴趣,这样更能激发学生阅读的兴趣。

同一个主题的不同版本阅读

在观看学生表演的过程中,我们突然发现选择同一个故事的不同团队表演的故事结局不一样,有时还会大相径庭。比如格林童话《汉赛尔与格莱特》中的结局是:妹妹借向巫婆学习添柴之机,将巫婆推入炉中,兄妹俩带着巫婆的财宝,回到了家中。继母已经去世,兄妹俩和父亲一起过上了幸福的生活。而有个小组却是皆大欢喜的结局,巫婆并没有死,而是改邪归正了。还有个小组的结局是继母和父亲一起死了,只留下兄妹两人。

原来老师在布置任务时,要求学生在创作剧本时"基于文本而高于文本",改写故事结局,原则是出乎观众或读者的意料,既要符合故事发展的逻辑,沿着情节的主线,从故事背景、高潮,一直到结尾,又不落窠臼，独具匠心。因此即使是同一个故事，常常有不同的结局。坐在下面的学生会饶有兴趣地等着不一样的故事呈现，听起来自然非常认真。创作团队也是深入细致地阅读，挖空心思地去思考，想给大家不一样的感觉，这样做无论是对于深度阅读还是对于创作都是大有裨益的。

有趣的是，学生在创作前，要阅读所选择童话的不同版本，再确定自己将要表演的版本。在美国，那些经典的童话会有不同的版本，如伊索版、学前儿童版、古英语版、迪士尼版、犹太版和格林童话版等。这些经典的童话故事穿越了浩瀚的时空，糅合了多元的文化，在岁月的流逝中积淀和衍生出众多的版本。

即使是《格林童话》，它的版本也经过了不断的编辑、修订和润色，早在1812年12月，格林兄弟出版了第一卷。1815年，又出版此后享誉全球的《格林童话》第二卷。然而他们从没有停止过修改的脚步，使得这些故事更适合儿童阅读，直到1857年的第七版，这便是今天广为人知的《格林童话》版本。

一直以来，不少美国的童话作家、学者和有关研究机构会重新创作、改写经典童话。这些童话有的情节略有不同，有的语言风格不同，有的主题不同，也有的故事结局不同。就像迪士尼版的童话，常常充满了童趣，人物的服装充满了卡通味道，角色的对话也常常口语化，给人很亲切的感觉，吸引着孩子进入一个童趣的世界，获得独特的体验。

正因为有不同的版本，经典童话才不断发出璀璨的光芒，历久弥新，吸引着世界各地、各个时代不同的读者。家长、老师和学生只要在搜索引擎中输入"童话名字+版本名字"，就可以很容易地找到自己想要的版本。

重构文本，让学生的作品成为经典

分析和比较不同版本的故事是创作剧本前重要的教学活动，上演《杰克与魔豆的故事》的小组选择了迪士尼版、犹太版和经典版的故事，学生在三个版本的阅读过程中，分析不同的情节，如迪士尼版的情节是魔豆走进了洞穴，而不是他母亲；犹太版是一开始整个村庄便拥有所有的珠宝，当杰克爬上豆秸时，他突然之间变成了侏儒；而经典版则是杰克三次爬上豆秸，而不是一次。情节的变化是服务于故事的定位和发展的需要的。

在阅读和分析不同版本的童话后，学生们选择其中一个版本，开始改编和创作。表演《杰克与魔豆的故事》的小组选择了迪士尼版，他们认为"这个版本很有趣，大家都很感兴趣"。他们先完成一份情节图，勾勒出故事的大致内容，然后创作一个不同的版本，之后列出角色清单，并为相应的角色写出他们的对话。对话在木偶剧中占据重要的地位，通过对话来展现人物的性格、情节的起伏和思想的变化等。

那天的课堂上，每一组学生站在讲台的一块展板后面表演，台下的学生看不到他们的脸，只是在座位上观看。表演者在课前制作了故事里的角色或人物的图像，然后贴在细竹竿上，课上他们一边手持不同角色的图像，动手演示，一边配音。在每组的表演中，还会有旁白，串联起整个故事。

教育隐喻、折射着社会的文化和传统。美国的社会和教育鼓励学生去创新，阅读也是如此。每个人都有权利去表达自己独特的思想，只要足够优秀，每个人都能成为经典。也许有一天学生所写的不同版本的童话也能成为众多"版本家族"中的正式一员。

比较和建构是阅读的最高境界

我们观察到美国教师的课堂教学是超越教学内容，基于教学方法的设计，设计各种各样的方法去引导学生阅读，检测他们理解的程度，反馈他们应用的程度。教学方法是教师促进学生理解内容，了解学生是否达到文本深度阅读的工具和手段。

事实上，我们无论是在读文学作品还是非文学作品的时候，都仅仅停留在一个作品的内容梳理上，缺少让学生运用一些技术或方法，在获取足够的知识后内化成自己的东西。理解一个文本并不是把那些语法、修辞、段落大意等知识要点整理出来，记住了就算理解了。如今语文新教材重视多种阅读方法的教学，包括默读、浏览、跳读、猜读、比较阅读、整本书阅读等，就是为了改变当前阅读缺乏方法的现象。

主题式比较阅读之后的生成性创作是升级版的方法，促进学生内化和生成。"有关阅读的永不褪色的经典"《如何阅读一本书》，将主题阅读称为最高层次的阅读。在进行主题阅读时，阅读者会读很多书，而不是一本书，会读不同的故事，而不是一个故事。并列举出这些故事间的相关之处，提出一个所有的书都谈到的主题。

当然书本字里行间的比较还不够。借助所阅读的书籍，学生创作和架构出一个基于自己生活经验和价值判断的故事，生成一个新的文本，那学生与文本之间深层次的对话就产生了。学生重构文本的故事情节、人物或结局时，会思考为什么会保留所阅读文本的那些部分，创作怎么样的故事结局，调整哪些人物关系等，学生的思辨能力就会慢慢形成。而且学生在阅读文本后创作文本，写作的兴趣会变得强烈，每个人都想塑造属于自己的"主人公"。因此这样的阅读方式是延伸阅读、拓展阅读、群文阅读，更是创作阅读，将阅读的边界无限延伸，将学生的思维无限拓展。

比较是人类的高级思维，通过观察、分析，找出研究对象的相同点和不同点，是认识事物的一种基本方法。就像一名铁匠要铸成名剑，必须不断地敲打，而且需要从不同的角度敲打，才能形成锋利的刀刃，学生的思维也只有在兼容并蓄、激荡对流中发展。学生阅读不同的文本，比较和分析童话的不同版本。这种分析和比较本身就是一种鉴别、思考和研究能力，包括整合知识、搜寻信息、进行评价和比较，以及表达自己的观点。

《小猪进城》整本书阅读教学：读前、读中、读后

  整本书阅读一直是美国阅读教育的主流，课堂内阅读、回家作业、精读或略读、自由阅读、课程阅读、校园阅读活动、阅读推广活动等等，甚至从幼儿园开始，都绕不开整本书阅读。课堂上他们通常一学期会安排5～6本书阅读，围绕真实性阅读展开，组织学生读"真正的书"和"完整的书"。经典作品的价值和意义不言而喻，将世界文学殿堂的瑰宝和反映美国主流价值观的作品变为学生成长的养料是他们阅读的重要任务。

  相对片段阅读和单篇阅读，整本书阅读主题更为复杂，意蕴更丰富，提供了更为广阔的阅读时空，更具张力的思考和探索的空间。整本书阅读回归了阅读的本色，因为在人们的日常阅读生活中，最为常见的阅读形态就是一本书阅读。真正的教育是未来生活的探索和预演。学生在整本书阅读中，静下心来，从容地看书，这样的阅读生活就是他们今后走向社会，成为终身阅读者的预备。

历久弥新的三段式阅读模式

《小猪进城》(*Pig in the City*)是一部由同名电影改编过来的小说,主人公是一只本来在农场生活得悠闲自得的小猪。由于一场意外,小猪让主人何吉受了重伤,导致农场没了主要的经济收入。在万不得已之下,何吉妻子就带着小猪到大城市,想让小猪表演赶羊以换取生活上的各种需要。结果一路上,发生了许多精彩逗趣的事情。

这部小说篇幅适中,40页左右,词汇主要以高频词为主,适合小学高年级和初中低年级学生阅读。童趣化的人物、曲折的情节、诙谐的图片,这些特点紧紧抓住了学生的心。而且此部小说根据电影改编而来,比起一般的小说来,学生更熟悉。因此,美国英语老师经常选这本书作为阅读教材。

一般中长篇小说都是章节小说,这本书也不例外。在教学中教师按照章节开展,一共六个章节,将它们划分成三个部分,两个章节为一个单位,组织阅读教学。从教学模式来看,他们在整本书阅读中主要采用读前、读中、读后三段式阅读模式。很多英语国家的阅读教学一直以来都采取这种模式,这种模式没有因为时光流逝、岁月转换或外部环境改变而变化。

究其原因,首先,阅读教学固定的模式可以让学生更有安全感。其次,读前、读中、读后三个阶段是根据阅读过程中阅读者的心理和认知特点而划分的。在学生拿到一本书时,教师的首要任务是激发他们的认知经验,包括生活、学习和知识基础等,犹如打开手电筒帮他们照亮前进的道路。读前活动的目的在于让阅读者带着问题思考,准备开启阅读之旅;读中的活动任务聚焦于语言知识的学习、信息的甄别及提炼,主要体现为知识性的考察;读后阶段的重点放在作品的关联上,与读者自身的关联,与世界的关联以及与其他作品的关联,体现的是鉴赏能力、评价分析及批判性思维。

三个阶段，三个目标指向

《小猪进城》三个部分内容的读前任务有所不同，在读章节一二部分前，老师要求学生阅读前言和介绍，并回答两个问题："小猪宝贝在农村的工作是什么？他何为要去城市？"因为在前言中作者简要地介绍了故事，使得阅读者大致了解故事发生的背景，也将农村和城市两个相对不同的概念放在一起，建立冲突和认知矛盾，为情节的发展作铺垫。

之后老师又提出另一个问题："城市为何不适合猪，你的观点是什么？"这是前两个问题的延伸，鼓励读者将个体经验与故事背景建立联系，这样才能深入理解。如此将读者个人的经验置于故事中，能培养他们的同理心，从"他者"的视角审视自我。老师还要求学生去预习书后面的单词表，并通过查阅字典理解单词含义，扫除阅读中的"拦路虎"。英语释义是英语教学中检验学生是否掌握和理解词汇的重要手段，老师提供了9个单词，要求学生将单词放在相应的释义后面，进行配对。

之后几个章节的读前活动重点体现在猜测，问题的设计都用了将来时态，鼓励学生根据前一阶段的情节大胆想象，猜测在接下来的章节里将发生什么。还有些活动中，老师设计了几道题目，让学生去判断对错。也有开放式的题目让学生讨论和分享，如：小猪宝贝和他的朋友将如何帮助其他在医院里的动物？第七章的标题是"霍格特太太飞起来了"，你如何看待霍格特太太飞的事？想一想，然后到第35页上寻找答案。

在鼓励学生结合上下文猜测外，文本中的插图也是老师通常借助的载体，让学生猜测、谈论书中每一幅插图里的内容以及与故事有关系的细节。他们认为，好的小说，任何一个文字，任何一个信息，都是有教育价值的。

学生打开《小猪进城》一页页开始读，是他们的读中活动。尽管定义为"读中活动"，其实不是一边读一边回答问题，而是一边读一边要思考或关注问题。第一阶段是根据文本判断9句话是否正确；第二阶段是根据文本填空，学生依次在9句话的空格上填上一个单词，以符合文本内容；第三阶段类似第二阶段，不过是提供了单词，让学生选择，填到句子里，要求符合文本内容。由此可见，读中的活动聚焦于学生是否掌握了词汇，是否读懂了文本，对人物、情节、场景等故事要素是否有了大致了解，等等。显然，读中活动考查的是阅读者的语言基本知识和能力，以及信息收集处理能力，在教学目标上属于知识和事实层面。

如果说读中活动是强调"什么"的话，那读后活动及任务则强调"为何"和"如何"，考查的是读者是否能够根据文本推理和应用，在教学目标上属于高阶能力，鉴别和分析，批判和重构，将文本的浅层理解过渡到文本的细读和转化，如：

1. 对文中的人物、动物和物品详细解释或者定义。

2. 列出故事中不同人物说的话，要求学生说出"谁说的""他们在谈论什么"。（这些人物不是以姓名出现，而是以代词出现，要求学生能根据上下文知道指代的是谁。）

3. 设计"为什么"和"如何"的问题，引导学生深入发掘和分析文本，如：为什么警察喜欢小猪？为什么调查者没有在房间里看到动物？为什么霍格特太太找到房东太太时，房东太太感到难过？霍格特太太为何穿着弗洛姆的小丑服装？谁没有在医院睡觉？厨师是如何将霍格特太太推进厨房的？小猪宝贝躲到偌大的房间的哪里？霍格特太太从阳台里跳下来，为什么没有受伤？谁逮住了大猩猩娃娃？河对面的夫妻为什么不开心？

之后是一个"大问题"，从整本书的角度出发，学生讨论和分享是否喜欢这本书，喜欢哪部分，不喜欢哪部分。整本书阅读鲜明的特点是"整"，"大问题"要求学生对全书有一个整体的了解和把握，从整体评价和分析，学习做一个能独立思考并具有判断能力的阅读者。

"切入"和"换位"，创意式写作形式很多样

写作活动也是美国整本书阅读不可或缺的组成部分，结合阅读写作本身是强化语言输出，提高语言能力，进一步促进思维发展的过程。多元读写能力的培养一直是美国阅读教学的关注点，语言教学中听、说、读、写并不是壁垒森严、各自为政的领域，而是水乳交融、互不分离的内容。

南宋陈善讲到读书须知"出入法"。他说："读书须知出入法。始当所以入，终当所以出。见得亲切，此是入书法；用得透脱，此是出书法。盖不能入得书，则不知古人用心处；不能出得书，则又死在言下。惟知出入，得尽读书之法也。"所以在整本书阅读中既要读到文本的深处——这是"入"，也要会用，能结合文本活用，转化为自己的理解和应用——这是"出"。

读完《小猪进城》后，便是写作活动，考虑到读者年龄较小，写作的立足点放得较低，教师没有要求学生写长篇读后感，而是选取了小说中某个情节或场景，要求他们从"我"出发，强调个体在文本中的"切入"和"换位"，写出体会和收获。形式也多种多样，包括信、对话、说明文、评论等，给予学生选择的空间很大，尊重学生的个性，提供展示的平台。以下是他们的创意式写作清单：

1. 如果你是小猪宝贝，你现在在大城市。费迪南德是你的朋友，在农场里，写一封信给他，告诉他关于城市的生活。

2. 如果你是弗洛姆造访医院里住院的孩子，那天发生了什么？此次来

访让你开心吗？写一封信告诉你的朋友这一切。

3. 文中的小猎狗说："所有的猎狗都不友好，我正处在危险之中。"小猪宝贝认为这个小猎狗会改变。写一段猎狗和小猪宝贝间的对话。

4. 索罗尼斯穿上了人类的衣服，他潜意识里认为自己也是人类。但是其他动物告诉他他只是猩猩，请写出他的想法。

5. 观看第一页上霍格特洞的图片以及第七页上菲力兰迪宾馆的图片，描述这些地方。

6. 你最喜欢文中哪个动物？写出你的想法和理由。

7. 在医院里，调查者将动物作为实验品。你认为在动物身上做实验是一件好事还是坏事？

8. 小猪宝贝在城里住了一段时间，然后他回到了农场。你认为城市里的生活和农场的生活，哪个更好？

创意写作是无论如何都不可能抄袭，要充分调动脑细胞的任务。多形式的读后创意写作活动鼓励学生从自己的兴趣和理解出发，建立文本与课堂外的经验、世界的联系，展示他们的阅读思考，还原创作思路，然后模仿经典作品，形成自己的创意写作思路。教师鼓励学生在已有输入和技能的基础上解决复杂问题和进行反思，培养学生的思辨能力和应用能力。即便读完整本书，归根结底，书只是一个载体，生成其他东西才是最终的目的。

从"名著系列集"选书

美国教师主要从"名著系列集"（Great Books）这套书中挑选阅读材料。这套书在美国中小学阅读教学领域中可谓盛名赫赫，已有数十年历史，所选的作品质量很高，都是跨越时空的经典之作。这套书是一个叫"名著基金会"的阅读研究机构专门为学生精选的，既有小说，也有信息类、社会类和科学类的图书，每个年级都有一个系列。他们正在使用的七年级学生系列里就选择了《哈里森·伯格朗》《圣诞颂歌》《蝴蝶之日》《安妮日记》《游戏结束》《魔法俏佳人》等11部名著。

这套书还基于文本设计了很多针对性的教学活动，如共享式问题与活动、第二次阅读时精读活动、探究式教学活动、词汇活动、写作回应活动、课程标准连接活动、创意写作等等，对于教师和家长的指导作用非常大。

在谈到整本书阅读时，他们认为，这不仅是经典阅读的需要，还是学生阅读习惯和终身学习培养的需要。整本书阅读本身是持久阅读，学生会花数天或者数周来读完。时间久了，学生就会在读书阶段养成阅读的爱好和习惯，并持续整个一生。

美国的整本书阅读，是将课外阅读与课内阅读联系起来，有相当一部分内容，如预习、导读、词汇理解是放在课外的；课内主要是进行一些必要的指导，提出具体的要求，并在阅读过程中，对某些重要的问题开展研讨。在阅读方式上，体现的是泛读，主要集中在文章内容、故事发展的轨迹上，即使是某些单词的释义，也是故事场景中的含义，而不是本体意义，目的就是培养学生在今后的生活中如何真正学会阅读整本书。

科普阅读的
活动设计

科普阅读如今日益受到重视和关注。阅读科普书籍不仅有助于语言学习,帮助学生积累词汇,提高他们的阅读理解能力,还起到了科学启蒙和教育的作用,开启学生的想象思维,让他们以多种方式看待世界,思考他们所观察到的世界。

说起科普书籍,人们通常会想到"晦涩难懂",因为科普书籍不同于童话或者小说,缺乏跌宕曲折的情节,词汇专业性和科学性也很强。学生,尤其是低年龄的学生,阅读时间一长很容易失去对科普阅读的兴趣。为了解决这个问题,美国编辑和出版了大量拟人化、情节化的科学阅读书籍,图文并茂,生动形象,使得科普读物通俗易懂,深受学生的欢迎。

《在火山生态修复中的戈菲尔》就是这样一本书籍,由美国儿童科普读物专业出版社阿伯德尔出版社出版。这个故事以 1980 年 5 月美国华盛顿州的圣海伦斯火山(Mount Saint Helens)爆发为背景。当时科学家花费了数年时间观察火山爆发后生态是如何自然修复的。他们发现仓鼠发挥了巨大的作用,仓鼠平时寄居的地道为灾后小动物们提供了庇护,而且仓鼠在不停地挖掘中将火山爆发的灰烬与土壤混合起来，使得土质变得肥沃，有利于灾后植物的生长。

故事里，名为戈菲尔的小仓鼠，在火山爆发后，和其他动物一起生存下来，慢慢通过努力恢复了生态环境。故事通俗、生动、形象、有趣。而且，编者对接小学科学课程标准、目标和要求，从跨学科或多学科角度入手，设计形式多样的任务，趣味性、综合性和实用性非常强。

1. 验证已知和未知

此活动在阅读前开展，学生会拿到7张标注有"我知道的问题和答案"的小卡片和一张较大的三折纸。三折纸由三个部分组成，第一栏是"读前问题"，中间一栏是"正确答案"，而第三栏是"寻找正确答案"。文本还提供了7个关于火山内容的问题：

什么是火山？

火山爆发前的早期迹象是什么？

火山爆发会给周边环境带来什么变化？

什么生物能在火山爆发后生存下来？

为什么有些生物能够活下来而有些不能？

生活是如何恢复正常的？

你认为火山爆发后恢复正常需要多久？

阅读前，学生将7个问题的答案分别写在7张小卡片上，如果不知道答案，可以不写。学生在阅读过程中，核对自己所写的答案是否正确。如果正确的话就将小卡片贴在三折纸的中间一栏。如果是错的话，将小卡片贴在"寻找正确答案"栏，然后再次阅读，直到找到正确答案。

学生在阅读某一个科学内容时，会或多或少地了解相关知识。活动旨在激活学生已有的知识和经验，激发学生的阅读兴趣，为学生的阅读进行铺垫和积累。对已知和未知间的探究，能培养学生探索和提问的能力。

2. 理解性和思辨性问题问答

如果说验证已知和未知活动的目的是激发学生兴趣，那理解性和思辨性问题检验的是学生对文本的理解。一类是信息确定和理解，要求学生从文本中找到主要的信息，验证学生是否正确理解了文本。设计者希望学生通过口头或其他形式表达文本的主要信息，这些问题常常是谁、什么、哪里、何时、为什么或如何等。还有一类是辩证思维题，目的在于培养学生的批判性思维和思考能力，要求学生深入地思考自然界自我修复的功能和人类的行为，从而培养科学思维和素养，如：

火山爆发是自然灾害，还有其他什么灾害吗？

动物有哪些方法感知自然界中的各种灾害？

你认为生物如何从自然灾害中回归正常生活？

你认为人类是如何影响生物居住的环境的？

海啸、台风、冰雹、飓风、洪水、火山、热浪、山体滑坡、雷电等又是如何改变环境的？

3. 跨学科词汇学习活动

科普阅读的词汇学习是学生阅读时的重要任务，能帮助学生积累科学专用词汇，理解和建构科学概念。学生阅读前开展头脑风暴，根据书中一张或若干张图片，尽可能地写出与图片或主题有关联的词汇，越多越好。

之后，学生轮流说出他所想到的词汇，写得最多的人就是冠军。教师汇总学生所写的单词，制作"单词墙"。在制作时，还可以让学生根据名词、动词、形容词、副词等分类，了解单词的词性和用法。

还有一种活动是造句，学生从每一类中选择两个单词分别造句，或者从单词墙上选择 10 个单词创作故事，培养学生的词汇运用能力和创作能力。

4. 单词搜索游戏

这个活动类似于字谜活动，在游戏里，火山（volcano）、地震（earthquake）、爆炸（explode）、甲壳虫（beetle）、戈菲尔（Gopher）、植物（plants）、蚂蚁（ant）、麋鹿（elk）、土壤（soil）、蟾蜍（toad）、种子（seeds）、食物（food）12 个单词混在其他字母中，学生或从左到右，或从上到下将它们找出来。这些主题式词汇有利于他们复现文本内容，强化所学的核心词汇，有助于进一步理解文本材料。

5. 寻觅"五种感官"词汇

在故事中，作者用了许多与听觉、味觉、视觉、嗅觉和听觉有关的词汇，描述动物如何经历和体会火山爆发或生态修复过程，这些词汇形象、传神地描述了动物对火山爆发的反应。教师设计了一张表格，第一排列出"听觉、味觉、视觉、嗅觉和听觉"五个内容，老师让学生再读一遍文章，从中找出和五官感知有关的词汇，然后填在相应的空格内。

6. 科学知识填空

此活动围绕一些科学概念、解释或定义，有时也可能是简单的科学现象，设计填空题。学生根据上下文或语境推理得出科学的结论、概念、定义或数据，在空格处填上单词。科学知识填空具有跨学科的语境，训练学生的阅读理解、分析、推理能力，还考查学生对科学概念或现象的理解。

7. 段落或句子排序

编者将故事加以提炼和浓缩，然后分成 12 小段或 12 个句子，写在不同的纸条上，并将其打乱。学生根据内容正确排序，并使用时间序词（如首先、其次、然后和最后等词汇）连起来，然后讲出理由及关键词。该活动能够帮助学生建立时间先后或因果关系的概念，建立时空观。这个任务既可以个人独立完成，也可以小组合作完成。

8. 辩论活动

故事中的主人公（仓鼠）在现实世界中是具有争议的角色。在灾后环境修复中，仓鼠是英雄，然而，在农民眼中仓鼠是害虫，它们喜欢吃庄稼或植物的根须，会破坏庄稼的生长。

为了帮助学生理解仓鼠的行为和作用，教师提供了 7 种仓鼠的行为，组织学生辩论，分析和讨论仓鼠究竟是什么：英雄（Hero）？害虫（Pest）？都不是（Neither）或都是（Both）？

这 7 种行为分别是：

在地下打洞吃茎块植物；
在火山的草地上打洞或在火山没有破坏的土壤下咀嚼茎块或根须；
咀嚼农民种植的植物根须或者能觅到的根须；
在地面咀嚼农民的庄稼；
仓鼠的地道影响农民的耕地，破坏设备；
仓鼠的地道为种子提供发芽和成长的空间；
疏松土壤使得土壤肥沃。

9. 科学日志

科学日志是培养学生科学观察和记录习惯的方法。教师鼓励学生完成科学日志，将重要的科学现象或概念记录下来进行定义或解释，然后用图画的形式将科学现象或概念表现出来。科学日志本身就是科学家研究的工具和方法，在科普阅读中，学生记录科学日志就像科学家一样工作和思考。

在这个故事中，提供了火山（volcano）、灰烬（ash）、地幔（mantle）、岩浆和熔岩的对比（magma versus lava）四个内容，要求学生完成解释和画图。

10. 调查和应用火山研究工具、方法和科技

观察、分析、预防、预报、调查和研究火山是火山科学家的主要工作内容，在工作中他们会用各种科学方法、研究工具和科技手段。

在这一科普阅读任务中，提供了五种研究方法或工具：测量地震等级的振动图、记录地球水平的倾斜计、GPS卫星定位图、同位地图比较、火山口气体监测和观察法。学生应用这些方法对提供的五个火山点进行观察，分析成因、趋势，老师还可以鼓励学生在网络上调查和搜索其他研究方法。

11. 读材料填图

识图、填图或绘图是科学（地理）学科里重要的技能。戈菲尔故事的教学活动设计了许多有关地图的任务。如看材料填图，设计者提供了培雷火山、圣海伦斯火山、黄石公园、火山口湖、冰岛艾雅发拉火山、苏门答腊岛喀拉喀托火山的资料，让学生通过阅读，了解这些火山的基本情况。

看图之后，学生在世界地图上标出这些火山所在的地理位置，明确分

布的地理位置，并讨论分布的特点。还有的地图活动是填写火山形成图和地球板块图，要求学生分别将火山形成中重要的物质和地球七大板块标注出来。

12. 数学比较和对比以及时间序列

学会测量和比较是科学课程的培养目标之一，也是重要的生活技能。此活动选择了地球内部的四部分：内核（inner core）、外核（outer core）、地幔（mantle）、地壳（crust）作为比较内容。

比较是从不同的维度和内容出发，如四个部分哪个最厚、哪个最薄并排序；将四个部分厚度在地图上横向比较或与车程比较；比较地壳的厚度（约8到40公里）与平时常去的地方之间的距离，如家到学校、商店或图书馆等。

多种维度的比较使得学生对地球内部结构的认识比较清晰，而且从生活中选择第三者为参照物来比较两者的大小或长短，比起两者间的直接比较更形象，更能培养学生的辩证思维。

时间序列和事物发展顺序是数学统计模型建立的基础，也是小学数学课程的教学目标。编者选择了13张印有圣海伦斯火山爆发后不同时期的图片，图片上标注了植物或环境变化的说明，学生在阅读和看图后，将13张图片按照时间顺序排列。

《在火山生态修复中的戈菲尔》的活动设计涉及语言、科学（地理）、数学和艺术（绘画）等多种学科，体现了跨学科的特点，将语言学习与科学和数学学习等紧密结合起来。阿伯德尔出版社开发的丛书包含了136个科学主题，全部采用拟人化或情节化的故事形式，还有丰富多样的反馈和互动活动。这些与学科课程标准对接起来，体现了专业化、课程化和科学性，教学功能非常强，是美国学生科普阅读和教师教学的首选材料。

学生科普阅读从科学现象入手，分析成因以及对于人类的影响，深度理解科学概念，调查和探索科学研究方法和工具，培养科学探究和学习的兴趣。科普阅读中的跨学科活动和多类型的文本阅读对于学生的思维培养非常有益，使学生学会运用对比方法阐明一个或一系列问题，培养批判性思考能力、解决问题的能力、信息收集处理能力、创造性思维及艺术表现能力。

附：

在火山生态修复中的戈菲尔

那是一个寻常的傍晚。然而，山上的动物似乎感觉到一些异样。雪兔听到了来自数英里外地下的隆隆作响，黑熊感到在他熊掌下的地面微微在振动。戈菲尔，一只躲藏在地洞里的仓鼠，也感觉到了地球的颤抖。

突然，炽热的气体和烟灰从山顶喷射而出，像烟一般。麋鹿从来没有看到过如此景象，非常害怕；松鼠看到白雪皑皑的山顶覆盖了薄薄的一层黑泥。地面依旧在振动，而且持续数天。山体正在发生变化，火山爆发箭在弦上。然而，戈菲尔毫无觉察，无动于衷，只是在洞里挖啊挖啊。

一天早晨，动物们感觉到地面晃动更厉害了，随后，听到了巨大的声响。近处的山顶向四周滑下去，白雪和岩石沿着山体滑入了山谷，山体爆发了！

爆炸引发的气流吹倒了所有的树木，山顶消失在乌云中，火山爆发了！动物们四处逃窜，拼命挣扎。

许多动物因为爆炸的力量、热量和烟灰丧失了生命，但是戈菲尔毫发无损，在地洞里享受着充足和美味的根须及茎块。

慢慢地，地球的震动停止了，火山喷发的咆哮声安静下来。戈菲尔继续开始挖洞，不过令他不解的是，洞里充满着含沙的热灰、砂石和卵石，它们来自哪儿呢？

他的头偷偷地伸出了地洞，惊讶地发现许多东倒西歪的树，像牙签一样，插满着地面。整个世界灰蒙蒙的，既干燥又酷热。

戈菲尔并不孤单。蚂蚁和甲壳虫缓慢地爬行在地表，他们在死木中觅到了大量的食物，还找到了许多可以藏身的地方。老鼠从赖以寄居的腐烂的木头里探出头来，很困惑眼前发生的一切，然而，木头依旧是他的家，依旧可以找到美味的虫子作为食物。

尽管戈菲尔的世界已经改变，他依旧挖啊挖，还将地壳表面的灰烬和地道里的泥土混合起来，变成了富有营养的土壤，这些土壤非常有利于植物的生长。戈菲尔在帮助受灾地区恢复生机。

由于身处湖底的泥土和冰块之中，火蜥蜴、蟾蜍和蝌蚪在火山爆发中幸存下来。夏天来了，是他们到陆地去过成年生活的时候了，然而外面太热而且干燥。他们在戈菲尔的地道里穿越，避开了地球表面酷热的威胁。通过地道，他们抵达了附近凉爽和潮湿的森林或者在火山爆发中形成的池塘，建筑舒适的家园。

昆虫们很快回来了，在风中飞来飞起。蜘蛛忙着编织蜘蛛网。种子在空中到处飘浮。光阴如梭，数天、数周、数月，种子在戈菲尔的地道里悄悄发芽，慢慢探出了地面。

鸟儿们也时常飞回山里，品尝着美味的小虫，有时还栖息在小岛上火山爆发中幸存下来的树和花上。数周数月过去了，但他们还无法找到筑巢的树木，无法居住在山里。

麋鹿常常在山里徘徊，敏锐地捕捉些许变化。一开始，他们发现了一些在火山爆发中活下来的小树，躲藏在雪下，嫩芽慢慢开始绽出来。对于麋鹿来说，它们是美味的小吃，然而这远远不够。他们要在遮天蔽日的树林中生活，在那些没有被火山破坏或覆盖的森林里生活。有一天，当森林足以提供丰富的食物和安全的庇所时，他们将回来，继续生活。

数月数年之后，冷杉、铁杉、杂草、羽扇豆慢慢地长出来了。动物们时常回来，当他们找到充足的食物和庇荫处时，就留下来，回到了曾一度千疮百孔的森林里。

戈菲尔依旧在地下挖啊挖，不断寻找新树根和植物茎块。与此同时，戈菲尔的工作使得土壤变得肥沃，更多的种子生长起来。

很快，树木和灌木丛布满了地面，麋鹿、松鼠、雪兔和黑熊回到了山上肥沃的全新的栖息地，有些地方也许已无法恢复火山爆发之前的景象，然而，有一件事情可以肯定，戈菲尔将不停地挖掘……这座山将继续改变。

英语报纸阅读
活动"万花筒"

在信息时代，读报的人比以前少多了，但是报纸依旧是人们获得资讯和信息的重要方式。英语报刊作为英语课程资源和阅读资源，其作用丝毫没有受到影响。作为一种鲜活而真实的课程资源，报纸具有信息量大、内容新颖、语言丰富、题材多样和贴近生活等特点。有效的报刊阅读有助于学生巩固和复习已有词汇，学习和习得新词汇，积累英语词汇量，而且报刊阅读在吸引学生兴趣的基础上，能帮助学生掌握有效的阅读方法，提高阅读速度和理解能力。

题材广泛、体裁多样是英语报刊的主要特点。报刊阅读应重在解读报刊文章丰富的文本特征，挖掘阅读材料的题材和体裁特点，并设计符合文本、具有针对性的教学任务和活动，激发学生阅读兴趣。

1. 人物性格理解

教师选择人物故事、特写或通讯，要求学生阅读后写出三个最符合主人公性格的词，并从成因的角度将它们分类，在对应的空格上写出与人物性格和特征有关的描述。表格将性格的成因分成三类：环境影响、遗传影响、环境和遗传的影响。学生在分类的基础上列出具体的细节说明结果。

在讨论和汇总后，每个小组将结果展示给全班看，大家讨论并挑选最能代表主人公的几个特征。在读后活动中学生选择一到两个符合自己的个性特征，结合自己的经历，举例说明形成的原因。

新闻人物故事阅读教学的重要目标是对人物个性特征的准确理解。此法的特点是抓住人物故事的文本特征，将人物性格分析作为阅读的任务驱动。学生从文本中找出与人物成长有关的描述，主要是家庭背景、所处环境、成长中的关键事件等细节，以此来分析和推测人物的个性特点。学生联系自我的实际情况，分析自己的个性特征和成因，从"彼"到"己"，激活学生主体意识，促进语言生成和输出，培养理解和分析能力。

新闻人物教学处理手法可略有不同。在处理受成长环境影响较大的人物时，教师鼓励学生用"编年史"的方法处理信息，以时间段或关键事件引导学生分析。在处理受遗传影响较大的人物时，教师可以采用"思维导图"的方式，从不同的角度帮助学生形成自己的判断和分析。

2. 匹配标题和内容

教师从报纸上选择几则新闻故事，将标题与内容分开，先让学生对标题开展讨论：标题的关键词是什么？故事可能有关什么主题？是怎样的故事？……然后教师将故事发给学生，让他们快速阅读，了解故事的大概情节，并在规定时间内将故事和标题配对。

之后，教师要求学生写出关键词，解释它们与标题的关系，帮助学生更好地理解标题。教师有时还组织同题创作，让学生根据故事标题创作新闻故事。完成后，教师让学生阅读原作，进行分析和比较：你的故事和原来的故事接近吗？不接近的话，相差多少？标题中的关键词是什么？你和原作者是如何围绕关键词组织故事情节的？

标题对于文本理解的重要性不言而喻。教师巧妙利用标题，设置"信息鸿沟"，带领学生对文章的标题和主要内容进行预测。预测是一种非常重要的学习策略，是一种建立在个人知识、经验和推理基础上的复杂行动。阅读配对和同题创作的活动不但可以培养学生的推理和猜测能力，还能帮助学生理解标题与内容的内在逻辑关系。

此活动具有趣味性和悬念性，教师巧妙地利用标题，设计了理解性和迁移性悬念，还将原文和学生的习得及成果进行比较，激发了学生强烈的好奇心和浓厚的兴趣。

3. 阅读图表

将报刊上的图片和表格作为教学素材，培养学生阅读非连续性文本以及处理信息的能力。教师在展示图表之前，先向学生口头解释内容，让学生边听边记。完成叙述后，教师将内容给学生看，让学生比较文字和图表中哪种方式更容易理解。在第二个环节中，教师发给学生说明类或数据类的材料，让学生在阅读后设计成图表，以直观的形式将信息罗列出来。反之，教师让学生阅读图表后写成文章。

图表是真实性极强的语言材料，在信息社会的交流中具有独特的阅读价值和表达功能，在报刊中出现的频率很高，具有直观、形象、信息量大的特点。基于表格的听、读和写活动，促使学生在不同的信息传递形式中切换，能直观地检验学生的阅读理解程度，并提高学生的语言运用能力。

4. 阅读地图

教师分配给每个小组一个国际新闻故事，让学生边阅读边梳理文中的地理知识。在交流和分享后，教师展示故事发生所在国的地图，要求学生根据地图回答问题。一类是知识题，包括发生在哪个城市、国家和洲，首都、语言、陆地接壤国、海洋相望国是什么；还有一类是分析题，如国家的地理特征与新闻故事有什么关联，地理特征是如何影响事件和故事的。回答后，学生从报纸上寻找具有以下五个要素的故事：位置、场所、人际环境、人们的活动、地区文化，并阐述故事中蕴含的地理信息。

这个活动最显著的特点是文化延伸式阅读，充分挖掘了材料中的地理知识和元素，并将新闻故事与地理背景联系起来，通过地理知识的梳理和环境因素的分析，帮助学生深入理解故事的原因和背景，了解故事发生的地理和文化逻辑，加深对文章内容的理解。

不仅仅是地理阅读，教师还会根据文章所蕴含的文化，组织不同视角的延伸式阅读，如历史阅读、科学阅读、生物阅读等。这样的阅读从文学或者跨学科的视角入手，拓展了学生的思维广度和深度，提高了阅读效果。背景知识、风土人情、文化习俗是提高英语阅读效率的非语言制约因素，这是单纯的课内阅读涉及较少的。

5. 理解和创作广告

学生在阅读若干报刊广告后，根据被吸引程度对广告排序。教师挑选了三个学生，要求他们回答"你最喜欢哪个广告"，教师通过学生的回答引出了广告的技巧和策略：

塑造时尚（标榜前卫，所有人都喜欢）

增进感情（使用这个产品的人就像你一样）

欺骗（歪曲或忽略事实）

辱骂或斗嘴（古板陈旧的人或想法）

粉饰法（使用"好"的标签，例如爱国、漂亮、令人激动）

名人代言（邀请名人代言）

对势利顾客的吸引力（如高档、稀奇或进口商品）

迁移法（将一个公认有威望的人和产品联系起来）

在教师介绍策略后，学生讨论每一个广告所使用的策略，回答哪种策略最有效或无效，什么因素（如性别、地理位置、年龄）会影响策略的有效性。在后续活动中教师要求学生使用其中一个策略，设计一个广告，将所学的策略运用到语言实践中。

此活动通过广告内容和策略的分析，有效地挖掘了广告的语言价值和审美价值。学生不仅学习了构词、修辞、句法和篇章等语言知识，而且判断策略使用的有效性，激活了学习和生活经验，强化了认知策略的运用，提高了综合分析能力，并在讨论和设计广告中培养了语言综合运用能力。

6. 预测推理

漫画是英文报纸中常见的内容，具有简练、形象和寓意深刻的特点。在课上，教师挑选一个由几张图片组成的漫画故事，并"选择性"地遮掩部分图片，让学生去猜其中发生了什么。猜测可以是顺延式，将第一张之外的图片遮起来，让学生观看第一张图片，并猜猜第二张图片的故事情节，然后观看第二张图片，看看是否猜对了，一直猜下去直到最后一张图片；也可以是跳跃式，教师根据内容和教学需要，将其中几张图片遮掩起来，让学生根据前后图片和信息猜测情节。

新闻故事的关键词和标题也是教师培养学生预测和推理能力的素材。教师从故事中选择 15 到 20 个最重要的单词（如关键人物、连词、核心动词等语篇标志语），学生按照单词出现的顺序完成新闻故事创作。

预测推理的变式活动是单词猜测，学生快速浏览报纸上的短文，画出五个他们不认识的单词，然后写在黑板上。学生根据上下文推测词义，列出词义的清单，并查阅字典，看看推测的词义和字典上的词义是否一致。教师还可以将短文中的生词或难词挑选出来，让学生阅读文章后将生词或难词填入空白之处。

在预测和推理的任务中，课堂形式非常灵活，可以是小组合作，也可以是独立完成并与同伴互相交流。在交流和比较原文的过程中，学生兴趣盎然，思维活跃，参与积极。在材料阅读中，关键词、图片或标题是一种信息暗示，具有闭合性和限制性，引导学生把握信息传递的线索和方向，并对文章进行符合逻辑的推理和预测。

7. 主题阅读

教师选择如节日、雾霾、战争、空难、体育竞赛重大评奖等热门主题，让学生阅读近一周报纸的主题跟踪报道，在课上围绕这个主题开展阅读汇报，分析前后报道之间的逻辑关系和事件的演变路径，进行主题深度阅读和分析。学生也可以基于同一话题开展辩论，结合新闻报道发表不同的观点和看法。在读后活动中，学生就同一话题进行写作，形成话题、语言、任务等紧密联系、融为一体的新闻专题综述。教师还可以鼓励学生创设事件时间轴，用时间坐标和事件坐标追踪事件的进展。

主题阅读通过让学生阅读多篇话题一致的材料，提供充足的语言和信息输入，帮助学生拓宽背景知识的来源。在阅读过程中运用阅读理解监控（如重复已读过的部分）、信息整合、归纳总结、分析比较等策略，促进学生的深度阅读，提高学生的思辨能力和批判性思维。

8. 数学阅读

教师发给每组学生荧光笔、报纸和清单，组织学生开展"寻宝游戏"的活动，学生根据任务，阅读报纸寻找相关的信息，用荧光笔画出来并根据要求计算结果，比赛哪个小组找得快，算得准。如一清单上的任务：

（1）计算1985年卡迪莱克轿车的平均价格。

（2）刊登30字的广告一周所需的费用。

（3）分类广告的名字和数量。

（4）所在区域里一年内银行的最高和最低利率以及平均利率。

（5）不同电影院的票价和播放时间。

（6）招聘广告中教师或工程师等职位的比例。

数字阅读是教会学生学习扫读、跳读，确定关键信息的方法，培养信息搜集和处理信息的能力，并学会用语言解决生活中的问题。在这样的课堂模式中，语言运用和数学解题是目的和形式的关系，语言实践和运用既是课堂学习的目标，也是解决生活问题的工具。

9. 制作故事盒子

要求学生每天将在报纸上看到的文章或材料放入相应的鞋盒子里。给七个鞋盒子贴上七种报纸内容的类别：新闻、评论、专题、幽默、广告、运动、娱乐。每周末，要求学生浏览盒子里所有的故事，然后在盒子封面粘贴的卡片上写上一个形容词总结或描述故事，讨论和比较这些形容词，并要求学生回答"从每一个类别中能得出什么结论"。

10. 看照片联想词汇

在报纸上选择多个人物的照片，要求学生讲出当看到图片时跳入他们脑海的词汇，描述照片里所发生的一切，并将词汇按照名词、动词和形容词分类。老师还可以要求学生根据这些词汇，撰写人物故事。

报刊阅读是人们生活中获取信息的重要形式，也是一个人阅读素养的重要方面。报刊阅读教学方式不同于教材教学或课本教学，不是以知识习得为目的的教学方式，而是以获取、鉴别信息的能力或者"学会学习、学会生活"为重要目的的教学。如广告策略的分析和运用，报纸上数学问题的计算和解析，地理概念的形成和应用，地图和表格的阅读等等，这是学生生活中一辈子都能用到的能力。

数学课上考阅读和写作？
——澳大利亚的读写行动

读写能力不仅是获取信息与表达思维的能力，也是反映一个人综合素质的重要指标之一，在我们参与社会生活中起着重要作用。新世纪澳大利亚启动新课程改革，把读写能力纳入综合能力培养体系，这项人类最古老却在新时代最容易被忽视的技能，被整合融入各学科的教与学之中。当下，21世纪人才的核心技能和素养培养备受关注，教育发达国家和国际教育组织纷纷提出自己的主张和观点。无论是哪种观点，读写能力都是其中的重要组成部分。

新课标添加"读写能力"

澳大利亚的语言读写能力是指听、说、读、写、议的能力，创作口头、印刷、视觉和电子等多种文本形式的能力，以及针对不同的语境和对象正确使用语言的能力。语言读写能力还包括收集、理解、分析和评价信息的能力，以及表达思想和情感、提出想法和观点以及与他人互动的能力。

澳大利亚将读写能力的培养整合融入所有的学科领域，使之成为所有学科教学的基础目标以及课程体系的重要组成部分。课程标准里规定了各个学科领域中读写能力的概念、意义和学习途径,并提出各个年级的具体能力目标,对年级或学段间的梯度发展进行了详尽的描述,这就使得读写能力与各门学科的课程教学以及学生发展紧密相连、纵横交错、有机渗透,成为学科教学的重要组成部分。例如《数学学科课程标准》这样阐述读写能力的学习:

学习与数字、空间、测量和计算相关的词汇;

学习在数学语境中的同义词、专用名词、被动式和常见词的特殊含义;

理解从挂历、地图到复杂数据等各种数学表达的能力;

使用准确的语言理解和解释包含数字特征的问题和指示;

使用语言提出数学问题、解释数学问题、参与数学问题的解决,并讨论、提出和解释方案,培养学生的跨学科写作能力。

平时我们听说国外学生不管学习什么学科,通常都需要完成相关的学科论文写作。在他们的许多教室里,都张贴着不同文体写作的海报,比如叙事(recount)、说明(explanation)、辩论(discussion)、故事(narrative)、作品评论(responses)、程序性写作(procedures)、报告(reports)、论述(expositions),等等,详细描述了不同文体的结构、文字和形式的要求。当然,这些文体不是在所有学科都适用的,不同的文本具有不同的学科倾向和特质。如科学学科的写作,对学生提出如下要求:

能运用丰富的有关学科结构和特征的知识,并学会引用他人研究成果的规范及格式,创新地创作复杂的文本;

完成报告并对调查作出评价;

使用恰当的科学语言进行规范陈述，撰写基于证据的论证材料；

撰写辩论性材料，如用实证阐述引起争议的观点；

撰写假设性文章，如用模型和图表解释基因和染色体的关系；

使用来自不同途径的信息，完成事实报告。

因此，说明、报告和辩论等文体是科学学科最为常见的写作形式。在以能力为导向的教学目标下，教师会更多地布置一些主观性较强的作业，全面、真实地了解学生分析问题和解决问题的能力，其中学科写作是最常见的作业形式。

如英语课会布置分析诗歌和小说的写作作业，科学课会布置写作实验调查报告，手工设计课会布置写作品说明，戏剧课会布置剧本创作作业，等等，这些作业都是通过作品来反馈和检测学习效果的。

校园里到处都张贴着学生的作品，绝大多数是学生在学科学习后完成的。学科写作形式的作业，更能考查学生的理解和表达能力，鼓励学生对所学知识加以独立思考，表达出自己的观点，有利于培养和评价学生的创造性思维。更重要的是，学生在写作过程中，解释、组织、回顾、反思或连结学科的知识，并以整合的学习方式，理解和掌握学科知识，促进自己对概念之间的联系性、组织性和复杂性等方面的理解。

四个策略，教你在课堂上对答如流

课堂提问和交流是教学中启发思维的常用手法，也是培养学生语言口头表达能力的重要途径，澳大利亚小学的课堂非常重视学生在课堂上回答问题的质量和有效性，在课堂中运用"问答关联"（Question-Answer Relationship）的教学策略：

直接找到答案：确定问题的要素，然后在文本中挖掘。一般来说，答案常常能在文本的某一个句子中找到。

在思考和寻找中得到答案：放慢速度，仔细思考，答案可能藏在任何一个地方。

在文本和学习者间建立桥梁并获取答案：停下来，阅读文本，思考作者所要表达的信息，答案不在文本中，但是文中的信息会帮助你找到答案。

形成自己的观点：学生通过对外部世界的理解并结合自己的经历，形成独特的个人观点。

这四种教学方法相对独立，难易程度和思维要求也不同，但同时又交叉重叠、互为支撑。教师在设计问题时，可以选择其中一个方面或者综合几个方面加以运用。这样不仅能提高学生的口头表达能力，提高问题回答的正确性和有效性，还能培养学生的逻辑思维和分析能力。

如果说"问答关联"的教学策略是侧重学生学习的策略，那么"3P"（Pause、Prompt、Praise，停顿、提示、表扬）教学法则是侧重于教师引导的方法。

在课堂提问时，教师坚持"3P"教学法：

第一步是停顿，让学生在遇到困难时学会停下来，花时间去理解文本的意思。

第二步是提示，使用上下文中的线索给予提示，让学生学会推理和猜测。

最后一步是表扬，在学生尝试给出回答后，教师给予肯定和引导。

"3P"教学法给予学生足够的思考时间和教学支架，更鼓励他们思考和理解，从而提高回答问题的质量。

借助新媒体训练读和写

多模态识读教学的概念在 1994 年由美国、英国和澳大利亚的语言科学家首次提出。当今时代，新媒体技术快速发展，传统的语言承载和表达方式发生了巨大的改变，如空间、图像、声音等立体和多元的语言符号越来越普遍，结合视觉图像、绘画、声音和文字的多模态识读教学已成为现代读写能力培养的趋势和方向。教师在课堂教学中引入多模态识读教学，可以提高学生对多模态符号系统所提供的信息进行整合、分析、筛选、比较、吸收、理解、批判的能力。

在多模态识读教学中，教师将视觉、空间、声音的表达形式结合起来，并模拟现实生活，通过情景化的教学，使学习的内容更立体，从而调动学生的感官，多角度和深层次地理解文本材料。如在英语课中教师可以将连环漫画的顺序打乱，让学生重新排列顺序。这种拼图式阅读法要求学生在阅读过程中推理分析，对信息进行逻辑整合，促进学生深入理解语篇意义。

在数学课堂中教师可以向学生提供文字语篇，要求学生根据文字绘制出图表然后计算出结果；或者反过来，向学生提供图表，要求学生看图写出相应的文字。这种对信息理解、储存、感知和编码的教学方式，以可视化的信息交互培养了学生的识读能力。

第三部分
阅读策略和应用

学生未能成为终身阅读者，原因在于缺了策略教学

在教育领域，阅读的变革正在发生，以阅读为中心的语文课程形态渐趋明朗，对于学生阅读量的要求成为语文课程改革的核心目标，阅读任务群、非连续性文本阅读、整本书阅读、思辨阅读等新概念和名词层出不穷。

还有个热词，是核心素养。高中语文核心素养讲到要"促进思维发展和提升"，高中英语核心素养的任务是"培养思维品质"。两门语言学科不约而同地提到一个词：思维。无论是阅读改革、核心素养要求，还是培养学生成为终身的、高品质的阅读者的阅读使命，都对策略教学提出了要求。

我们的阅读教的是"阅读"，而不是阅读者

北京教育科学研究院课程中心课程室主任朱传世曾坦言，当前"解剖式阅读仍占主导地位"，主要表现为："师生阅读的过程类似'解题、介绍

作者、阅读导读语、正音正字、读课文、标段落、分层、概括层意、提炼中心思想、总结写作特点、贴教育标签'。"

如此程序或者套路，对于学生来说是轻车熟路，但是这一切与学生的阅读能力培养关联不大，与他们的情意发展无关，与终身阅读的培养无关。学生要做的是应付考试中的阅读题目，倾向于肢解文本的阅读解剖方式，考点对考点，因而阅读过程简化为纯粹的做题过程、讲题过程。

其实，究其根本是因为我们的阅读定位和目标发生了偏差。阅读，关注的是内容，而不是阅读者本身；教的是考试的技巧，而不是阅读的方法和策略。当我们聚焦于教学内容，而不是学生，我们就会失去学生。今天要解决我们阅读中的诸多问题，策略无疑是极为关键的途径之一。

说到阅读教学策略，在古人的读书中也零星地出现过。华东师范大学的黄志军老师是如此分析朱熹读书法里的阅读策略："熟读静思"要求读者不断地对自我阅读的状态进行监控；在"虚心涵泳"和"切己体察"的过程中，学生需要激活相关的背景知识，将文本内容和自身的阅读体验、人生经历进行联结，涉及阅读策略的调用；"以意逆志"是读者用自己的观点、情感去揣摩文本，这与联结策略的应用有关；"知人论世"牵涉到背景知识的激活；"圈点批注"则是多种阅读策略（自我提问、决定重点、文本结构等）的综合应用。

不过，这些策略绝不是我们阅读教学的主流，国内缺少对于阅读思维和阅读策略的关注和研究。一直以来，未出现中国语境下本土化和系统化的策略理论体系，也甚少从理性的角度提炼、推广和实践阅读策略。一个重要的原因是阅读功利化思想的制约，阅读紧紧围绕考试阅读转，很大程度上阅读是为了解题、猜题、提分。

策略是培养终身阅读者的关键

策略是什么？是思维的行为，是对"思维的思考"（thinking for thinking）。策略与方法会有所不同，方法往往是具象的、固定的、程序化的，而策略则是抽象的、灵活的、动态的、普适的。

打个比方，高德地图具有路线查找的功能，当一个人输入想要去的地方后，高德地图立马会跳出路线，并按照"时间最少""红绿灯最少""距离最短"的方式提供不同的线路。这三种方式就是策略，而不是具体的驾车路线。当驾驶员按照提示行驶，他的行为变成了具体的方法。有的人会完全按照某一个路线驾驶，这就是单一策略应用的方法；也有的人会组合不同的策略，每一个路段不一样，这一路段是红绿灯少，下一个路段距离近，还有个路段是车辆少，驾驶员在行驶前会考虑和综合实际情况决定路线，甚至在行驶过程中遇到不同路况时会及时调整路线，这个过程中策略起到了主导的作用，使得他们能够安全、尽快地到达目的地。

同样，如果一个读者在阅读时，看到标题时会想象这是一本怎样的书，会将标题与以前类似的书籍联系起来，阅读时会意识到自己的理解发生了困难并采取了行动，我们可以说这是一个具有策略意识的阅读者，也就是阅读高手。心理学家们在对阅读高手和普通读者做了一番比较研究后发现，阅读高手除了拥有更多的背景知识外，还能灵活、有效地使用各类阅读策略。几乎所有关于阅读理解策略教学的研究都证实了策略在提升学生标准化阅读成绩方面的有效性。

策略教学是近几年国际教育研究的热门领域，是诸多课程改革的又一突破口。新修订的布鲁姆认知目标分类法将知识分成四类：事实性知识、概念性知识、程序性知识和元认知知识。元认知知识就是策略性知识，是学习主体对自身认知过程的认识，以及对认知过程的监控和调节。元认知又称反省认知、监控认知、超认知、反审认知等。

阅读视域中的元认知就是学生有效监控阅读的认知过程，对自身阅读过程和阅读行为的自我管理，对错误阅读行为的自我纠正；依据文本的不同体裁和难度，选择适合的阅读策略，思考如何阅读；在遇到阅读障碍时，及时调整和修补，如猜测词义、调整阅读速度等，并积极与文本开展对话。

聚焦阅读的核心策略

阅读素养不是仅仅有关阅读的知识储备，更不是朗读能力，而是学生对于文本的理解、运用、评估和反思的多种多样的认知与语言能力，包括评估文本质量、反思性运用阅读材料等高阶能力，还有运用适当的策略来处理文本的元认知能力。（辛涛、李刚）

时至今日，阅读策略教学已经被写进世界上不少国家和地区的母语课程标准，成为阅读教学的重要内容。教科书、教师教学指导用书、儿童阅读书籍、阅读培养工作坊中频频可以见到"策略"的字眼。例如英国2013年9月颁布的英语国家课程框架，要求一年级学生"通过归纳、自检、讨论、推断、预测等阅读策略来提升自己的阅读理解力；对二年级学生则增加了自我提问阅读策略，对三、四年级学生要求'区分文章的主要观点'和'形式与意义之间的关联'"，对每个年级的要求逐步增多。

阅读教学大国——美国——更加重视阅读策略。他们常将策略与理解、意义联系在一起，认为阅读教学最终目标是培养学生成为具备独立阅读力、思考力的终身学习者。他们认为阅读策略的应用应该渗透在包括阅读前和阅读后在内的整个阅读过程中，除了元认知策略外，还有丰富多样的阅读策略，具体表现有近20种，如理解主要观点、确定重要细节、组织细节、生成序列、预览、识别主题句、确定写作意图、确定起因与结果等等。不过最主要的是六种阅读精加工策略，阅读者通过建立文本和先验知识之间的连接来建构意义。

1. 联想

阅读时读者能联想到什么？优秀的读者会注意文本里与自己有关的信息。这些信息能够提醒他们三类信息：自我的生活、经验、以前的知识；相关书籍、文章、电影、歌曲或者语句；事件、他人、热点和世界。

2. 可视化（想象）

优秀的读者阅读时会在脑海里想象读到的内容，并且能够在想象的地方标上记号或者在有助于理解文本的句子上标上记号，或者运用感官，将文本里的人物、事件和想法连接起来，阐述或描述脑海里的图片。可视化读者会在阅读时想象什么正在发生，预测接下来将发生什么。当一个图像出现在读者的脑海时，大脑会产生连锁反应，衍生出更多的图像。

3. 提问

爱因斯坦说过："提出一个问题比回答一个问题更重要。"阅读也是如此。优秀的读者总会在读前、读中和读后提出问题，从而更好地理解作者和文本内容。在阅读时一个优秀的阅读者是如此与文本对话、与自己对话、与作者对话的：作者想要表达什么观点？这个文本传递了何种信息？还知道关于这个主题的其他内容吗？能从文本中学习到什么？……

4. 推理

许多研究表明，推理是整个阅读理解过程的中心环节，它可以定义为一个读者为获取书面文章的隐含之意所经历的认知过程，运用推理能力补充文章中的隐含之意，形成连贯的理解再现出来。优秀的阅读者可从文本的字里行间中读出弦外之意，基于背景知识和文本线索得出结论。

5. 确定重点

优秀的读者会寻找或确定帮助他们提炼中心思想的材料。选择题目和标题、粗体字、图片、说明文字、图表和图形、章节目标和问题等信息有助于学生确定中心思想。

6. 综合

阅读者如何利用所阅读的文本生成属于自己的观点？他们会从阅读中结合自己已有的知识，产生新的想法或者理解。综合是在多种文本阅读的基础上，生成独特的理解，比较和对比所读的与自己所知道的，或者比较自己所读的与其他文本；考虑能否将多个文本建立联系，生成新的观点或者看法。

这一个个策略会引导学生，在完成浅层的字面阅读后，不要就此停留，而是继续调动思维，进行深度的思考。

以策略培养为教学目标的阅读课堂

阅读策略的提出，使得提炼、分析、质疑、反思、重组、延伸等高层次思维的发生有了可能。这是当今核心素养教育改革中关注的核心。阅读者在阅读中会运用各种阅读策略去解读文本并建构意义。当阅读者自觉、主动应用了阅读策略后，他的阅读之旅成为了积极主动的探索之旅。比如主动提出问题、分析问题，然后在书里找到答案；比如主动将书里的理论联系生活实际，举一反三，以加深理解；比如主动质疑作者的观点，进行批判性吸收；等等。

在阅读策略理论主导下，一种以阅读策略为教学目标的阅读课堂应运而生。在美国，尤其是在小学生的阅读教学中，普遍会有阅读策略教学课或活动。教师选择合适的文本，将阅读策略的教学嵌入其中，课堂目标既有文本内容的梳理，如人物、中心思想和主题等，也有培养学生如何在真实的课堂阅读中应用阅读策略，以使学生养成使用策略的习惯。

阅读策略很多，但是策略的应用常常根据文本的特点、教学的需要或者学生年龄的特征开展。有的课堂上仅聚焦一个策略，也有的会聚焦多个，很多研究者开发了阅读策略的整合教学模式，这样在一节课上就能将诸多的教学策略整合起来。确实，在现实生活中，各种阅读策略的运用并不是孤立的、各自为政的，而是水乳交融的。

如果阅读教学不引导学生用阅读策略理解所读的内容，就会错过关键的培养阅读能力的节点。阅读策略教学有个"马太效应"，学生在阅读策略的学习上获得成功和进步的话，他的阅读能力提升的效果一定是惊人的。

假如缺乏思考，缺乏思辨能力，也无阅读策略的介入，那读再多的书都只是数量而已，依然无法成就一个热爱阅读、善于思考的终身阅读者。

监控策略，不让阅读偏离"轨道"

　　一个人走在幽深的森林里，如果没有指南针或者路标，就会迷失方向。一个读者，尤其是低龄儿童，经常会读着读着，偏离阅读的轨道，思想无法集中，或许目光停留在文字上，但是大脑却在十万八千里之外。原因在于他们缺乏一样阅读策略——监控策略，监控自己阅读的过程，始终让自己思想集中，让阅读真实发生。

自我监控：阅读的重要任务

　　PISA 测试提出了阅读过程中的任务管理的概念。任务管理是指阅读者能够准确理解特定阅读情景的需求，并能建立与任务相关的阅读目标，同时在整个活动中监控阅读目标的进展，包括目标和策略的设置、阅读者的自我监控和调节。阅读素养高的阅读者不仅能流利阅读，还能有效管理、监控和规范自己的阅读行为，始终保证阅读发生。

　　一个具有自我监控能力的读者通常会自带"警报系统"，时时保持警惕，当虚假阅读发生时，警报会在读者的大脑里响起。克丽丝在她的著作《我在读书，但是没有收获》中讲到六种自我监控的"警报声"：我的大脑停止与文本的对话，阅读目光只是在文字上匆匆扫过，结果是，我不是感到无聊就是困惑，还有可能无法记住我读了什么；我大脑中的"相机"关闭了，大脑里不再想象我读的内容，这表明理解已经中断了；我的思想开始"流荡"，也就是开小差，不在想看的文字，而在想其他事物，我觉得我需要聚精会神，重新从思想开小差之处阅读；我记不住我所读的，我应该返回去，再次阅读，并想一想到底说了什么；阅读时，我并没有自我提问，只是停留在文字浏览的层面；我看到书中的某个人物，但是记不清在哪儿介绍过，根本不清楚发生了什么，我应该想想他（她）在故事中究竟处于何种地位，与其他人物关系如何，为什么会出现。

这些警报让阅读者能够自我监测，及时发现阅读受阻的症结，知道在什么时间，采取何种方法和策略，借以帮助自己消除阅读障碍，从而有效地保证阅读者的思想始终集中，始终在建设性地响应。这样的阅读者具有自我觉察力，会自我管理，能树立目标，管控偏离，是一名积极主动的阅读者。

阅读障碍，需要对症下药

阅读者读不下去，遇到障碍，会以各种行为表现出来，也有各种成因，这就需要阅读者自我调适，或者由教师和家长引导他们自觉审视阅读过程，对自身阅读行为进行自我管理，修止错误的阅读行为和信息。所以当读者阅读时感到困惑或提出问题，这是一件好事，因为读者知道在哪儿出问题了。不同的问题和行为如同人的疾病，需要对症下药，采取相应的措施修正。

（1）缺乏阅读兴趣。也许太难了，那就再找一本比较简单的书；有时是太简单了，那就再换本难的；或者是孩子对这本书的主题不感兴趣，那就换个孩子喜欢的内容。阅读的内容与孩子的生活经验有关会激发他们的兴趣。

（2）看不懂。回看或者重新阅读，检查被忽略或误解的信息，获取了遗忘的信息，就会懂了。或者确定不懂的地方是词语还是句子。词语的话，试着根据注释、上下文或者语境推理一下，实在不行，查字典；如果是句子，抓住主干，反复阅读，分析句子结构很重要，也可以从插图、具体的细节中推理。实在不行，向父母、老师寻求帮助，或者放慢阅读速度，这样会有助于促进理解的达成。

（3）注意力分散。有意识地大声朗读或者轻声诵读，让自己尽快地回到阅读文本中；或者拿一支笔，边看边画，让思路跟着文字前进；还可以一边阅读一边在旁边写上自己的心得和体会；还有一种"阅读、遮盖、记忆、复述"的方法会帮助集中注意力，当学生知道要复述的话，会集中思想，想方设法阅读和记忆关键信息，这样会全力以赴，聚精会神。

（4）概念复杂或似是而非。尽可能多地找到细节，分析它们内在的联系，明确核心界定。插图、地图、图表这些非文本元素会带给你启发；如果还不行，查百科全书或者到网上、图书馆查询；也可以用自己的语言解释概念，在自己语言的重新组织中概念会慢慢地清晰。

（5）感到累或有压力。停顿片刻进行思考，或者休息一下，看看书上的插图，会让你放松，甚至播放轻音乐，或者到外面散步，都会释放你阅读时的压力。

（6）理解不够深入，感受不到阅读的乐趣。想想有没有在阅读过程中去联想、想象、自我提问、猜测、比较等，如果没有，试着应用这些策略，会让你的阅读变得快乐和有意义。

（7）专注度不够。阅读时设定阅读目标或者页数目标，想一下要在书中哪个位置，或者什么时间，或者以什么方式达到目标，提醒自己要完成一定的任务；还可以做读书记录，定时检查一下自己发现了什么，收获了什么。

　　一个会自我监控阅读的读者，是负责任的阅读者。简而言之，他们的行为就是"阅读，思考，重新阅读，再思考，继续阅读"。他们真正的阅读绝不是为了速度，更不是翻完一本书就算阅读完了，而是始终与文本水乳交融，建构意义，一直在阅读的路上。

联系和联想：激发阅读者的背景知识

一位优秀的教师，总会巧妙地以学生已有的知识经验为起点，设计活动，引出新的知识，激发学生的学习兴趣。一个优秀的读者，也是如此，在阅读时会主动联系与内容有关的事物，联想已有的知识。这些事物和知识是阅读者个人的背景知识，在心理学上称为"图示知识"（schema），是"每个人过去获得的知识和经验以及对它们的组织"。这些背景知识对于阅读者理解文本和思维发展具有积极意义。因此，联系和联想一直是最重要的阅读策略。

联系和联想，是阅读理解的垫脚石

阅读者的背景知识，指的是在读者脑海里已有的一切，包括曾经去过的地方、做过的事、读过的书籍、交过的朋友，一切塑造阅读者身体和思想的经历。一个积极的阅读者，总会将阅读的内容与背景知识、个人生活、其他文本和更广阔的世界联系起来，这样就能更好地理解文本，与文本发生更深入的互动。

举个乌鸦喝水的例子，这是很多人读过的童话故事。乌鸦渴了，但是瓶子里只装了一半的水。乌鸦喝不到，就叼石头扔进瓶子里，渐渐地，水面上升了，乌鸦喝到了水。在阅读活动中，背景知识好比石头，阅读的目的——理解——就像是水。只有激活读者的记忆和经历，提供足够的背景知识，读者才会超越书面的词汇，充分地理解文本，才能"喝到水"。每一个人的经历是不同的，在个人经验和文本内容的持续互动下，新的体验、想法和信息不断生成，理解就会变得非常深刻。

有些学生读书时常常无法安静下来，沉浸其中，原因之一是他们不会联系和联想，他们找不到书本与个人、世界的"连接点"。一个解决办法是换本书，但是如果读者一遇到阅读障碍就换书的话，肯定不是一件好事。还有个好办法是坚持下去，让他们将个人的经历与所读的内容联系起来，鼓励他们在阅读时，在文本上标注出可以引发联系和联想的事物，从而更好地理解和记忆。背景知识是所有阅读思考策略的基石。当读者知道如何调动足够的背景知识，才有可能想象更多具体的画面，提出更深层次的问题，更能够拓展思维。

当学生缺乏足够的背景知识时，无法理解文本所发生的一切，就要鼓励他们向外部世界求助，如老师、朋友、同学、词典、百科全书等等。背景知识不一定只来自读者个人，他人也是来源之一。

从分享大人的经验开始

在联系和联想的策略使用上，老师的优势要远远大于学生，原因在于他们的生活经历比学生丰富得多。在阅读时，老师分享自己的经历和经验会起到很好的榜样和示范作用。

拿到一本书，老师可以带着学生一起看，欣赏书的封面，研究书名，看看作者的简介，浏览封底文字，谈论这本书是关于什么内容的，等等。即使没有阅读书里面的文字，老师也已经在帮助孩子调动阅读中所需要的背景知识了。

老师不仅仅要调动学生的背景知识，还要在阅读之前帮助他们建构文本特征和背景知识。在拿到一本书或一篇文章时，老师向他们示范如何整体浏览材料，如何识别体裁和文本特征，如诗歌、故事、小说、科普文章和指南等等。这些书籍在结构上是不同的，谈论这些有助于他们建构背景知识，从而更有针对性地阅读。文学性的背景知识还包括作者、写作风格、文学特征等，学生具备了这些背景知识，在阅读时会驾轻就熟，有的放矢。

当你们读到一本关于旅游的书籍，告诉学生你曾经去过的地方和收获；当你们读到一本关于朋友的故事，与学生分享你读书时代的友谊，告诉他们友谊是如何伴随你成长的；甚至当读到迷路的情节时，告诉孩子你曾经在沙漠迷失方向的经历；等等。这些对于涉世未深的学生来说，是非常有吸引力的。一方面有助于他们与大人建立情感的连接，形成良好的师生关系；另一方面他们通过身边的人发现类似的经历，可以学习大人们在碰到一些问题时是如何解决的。孩子天生具有好奇心，当这些话题"敲打"他们的心灵时，他们会很快对阅读内容产生浓厚的兴趣，确定阅读的目的，迫不及待地想阅读下去。

老师可以从讲故事、对话，或者示范阅读某一页开始。老师可以说："这让我想起我曾经读过的一本书……""我曾经听到的故事与一则新闻类似……""那使我想起当我做……""如果我是故事里的……我将……""我最喜欢的部分是……"这些话就像一根钓鱼竿，紧紧"勾引"孩子的内心，让他们开始联系和联想。

从三个维度联系和联想

联系的维度通常归纳为三个：联系自我与文本、联系文本与文本、联系文本与世界。

1. 自我与文本的联系，建立情感的连接

在三种联系中，自我与文本的联系最大的特点是情感连接，而且连接的纽带最牢固。脑科学研究证明："情感驱动注意力，创造意义，塑造属于自己的路径。"［埃里克·詹森（Erik Jensen）《教育与脑神经科学》］一个读者如果在杂志上看到一篇文章，是介绍他曾旅游过的地方，他会花更多的时间，更仔细地阅读这篇文章。因为在阅读过程中，留存在记忆中的美景与杂志上的图片和文字交融在一起，引发强烈的共鸣，他还会仔细印证和比较文章上写的与自己曾经看到过的有何不同。

所以，一个学生在家里养宠物的话，很大程度上，他会对动物的故事更感兴趣，谈论起来也更深入；一个学生对巫师和幽灵感兴趣的话，一定会对"哈利·波特"这套书爱不释手。

每个人的经验是不断发展的，即使阅读同一本书，读者也会有不同的收获。尤其是阅读经典的文学著作，在不同的年龄和不同的时间，会有不同的感悟。

2. 文本与文本的联系，建立比较的连接

文本与文本的联系，是指当你阅读时，想到了你曾经阅读过的某一本书籍，想到你在电视上看到的电视剧，想到你在电影院里观看过的电影。文本的形式是多种多样的。

文本与文本连接，本质上是一种比较阅读，或者说群文阅读。这种类型的阅读能够培养他们分析、比较、思辨的能力，并在多种文本阅读中，

建立核心价值和大概念。

多文本阅读的比较视域极为宽广。我们能比较两个文本里人物的性格和行为，比较故事情节和表达方式，比较故事的寓意、主题，比较同一个作者的不同作品中的主题、个人写作风格、观点，比较两个作者对于同一主题的价值观，比较相同故事的不同版本，等等。

在阅读材料的安排上，我们尽可能地提供相似的主题或内容，或者提供同一作者的不同作品，这就为孩子的文本比较提供了条件。童年是绕不开的话题，也是孩子们感兴趣的话题，老师可以安排学生阅读童年系列文章，如丰子恺的《忆儿时》、林语堂的《童年》、季羡林的《季羡林自传》、曹文轩的《我的小时候》、鲁迅的《从百草园到三味书屋》。或者老师还可以专门选择关于鲁迅童年的系列文章，这样学生们就会对童年成长有深刻的理解。

如果孩子是淘气包的话，可以给他读《淘气包谢得意》《淘气的爱柑》《小淘气尼古拉》以及《小淘包埃米尔》等，孩子一定会从书中看到自己，看到淘气给他人带来的烦恼，从而反思自己的行为，获得成长。

3. 文本与世界的联系，建立价值的连接

阅读是为了什么？答案很多，但是有一点是肯定的，那就是认识世界，塑造人生的态度和正确的价值观。所以，当孩子在联系文本与世界的时候，其实就是在连接价值观，将书中学习到的价值观和个人的价值观联系起来。

"无穷的远方，无数的人们，都与我有关"，这是鲁迅先生的信念，也是读者在联系文本与世界时的理念。一个会联系和联想的读者在阅读文本时，会想到世界上正在发生的事件，或者在学校、社区发生的故事，或者其他人的想法，这些超越了阅读者个人的经验，将文本内容与更广阔的世界联系起来，使阅读者获得更多的观察世界的视角，具有更高的思考格

局。更为重要的是，他们还会将文本的思想和价值迁移到现实世界，植入个人的脑海。譬如，当读者在读到关于战争谈判时的妥协和让步时，他应该想到如何处理家里和学校的冲突及矛盾；当他读到善良、乐于助人的故事时，他会想到生活中有人需要帮助，他应该挺身而出。这是联系的最高境界，也是阅读的价值和意义：改造人，塑造人。

联系和联想的活动

在教学生如何联系和联想时，老师可以采用"故事情节与生活情节联系图"。老师在图左边写上文本里学生感兴趣或者可以连接的事物，在右边写上与自己经历类似或相关的句子，也可以写在便利贴上，活动结束后贴在图上。之后，鼓励学生模仿老师，将他们能够连接的相关片段写下来。如此，学生在读故事情节中联系自我的经历，这种方式有利于建立师生或亲子感情，因为有时大人的经历和孩子的经历会相似，这样的共鸣可能是多重的，不仅会发生在孩子和文本间，而且也常常发生在大人和孩子间。

还有种活动方式是之前介绍过的 K-W-L 表，就是"已知道的（know）、想知道的（want）和已学到的（learned）"表格。在这张表格上，学生主要写下阅读前对于这本书籍或这篇文章所了解的知识、内容等，以及他想通过阅读知道什么、了解什么，还有阅读后的收获和新知识，激发学生的经验以及阅读和探究的欲望。这样的文本常常是非虚构、非连续性的，以科普类文本居多，侧重于新知识学习。

第三种活动是"一个词"活动。学生在阅读后挑选一个最能代表或说明这本书籍的词，说明理由，并举例说出这个词在他自己生活中什么时候最重要或有意义，说出在阅读另外一个文本时有类似感觉的地方，以及在真实世界中何时也有类似的经历或感觉。相似的活动还有"穿越历史"，让学生先确定故事发生的时间和地点，然后选择是否愿意生活在那个年代和地方，并从故事中找出细节，说明理由。也可以组织"交友大会"，从故事中选择几个人物，让学生说一说这几个人物是否值得交往，成为自己的朋友，并从故事中找出事实，证明观点。

  当然，在培养学生阅读的联系策略时，文本的选择也很重要。要选择现实性的故事、回忆录或者动物童话等等，充满生活情节的故事通常为联系和联想提供丰富的话题和连接。《菊与刀》《欧文》《伊拉去借宿》《奇异恩典》《站得高高的，茉莉》《莉莉的紫色小皮包》《下雪天》等书籍非常适合孩子在阅读中联系自己的经验和经历。

阅读时的想象：人人都是独特的电影制作人

哲学家狄德罗说："想象，这是一种特质。没有它，一个人既不能成为诗人，也不能成为哲学家、有思想的人、一个有理性的生物、一个真正的人。"缺少想象，也就不能称为真正的阅读者。当读者在吟诵一首诗，阅读一篇小说，或者浏览一条新闻时，一幅幅画面在脑海里形成，某种气味、味道、景色和感觉慢慢滋生出来，个人经验在文本中发酵，形成独特的体验，读者就进入了深度阅读的状态。

想象时，是在拍一部电影

想象策略，在美国或英国阅读教学中经常以"picture""visual""sensory image"不同的词汇出现。然而，其核心要义类同，指读者在阅读时充分发挥想象力，调动听觉、视觉、嗅觉、味觉，将文本中的人物、语言、情节、场景等在脑海里复现，触发读者种种记忆和情感，使得文本在脑海里栩栩如生，生动形象。

优秀的电影，通常有起伏跌宕的情节、传神精彩的角色、逼真震撼的场景……这一切调动着观众的多种感官，让观众融入电影之中。阅读时的想象，也是如此。当阅读《巨人国与小人国》时，学生或许会把世界想象成一个巨人手中的小球，而自己恰巧生活在这个小球中；或许会把蚂蚁们想象成一个个的小人，而自己却是一个巨人，统治着这个世界。这样便能激发他们的想象力以及阅读的乐趣。

如果说电影是导演拍摄的，是剧本演绎的唯一版本的话，那阅读时的想象是每一个读者在脑海和内心里，播放属于自己的那部"电影"。由于生活经验和经历以及想象不同，每一个读者"拍摄"的电影各不相同。阅读时的想象，是一种持续和具有创造性的阅读，图像、味道、气味和情感喷涌而出时，使得读者不会流离在文本外，而是深深地沉浸在文本里。

这样的事情也同样发生在音乐上，许多人喜欢老歌，常说"歌曲是时光机器"。很大程度上不是因为歌曲本身，而是因为老歌将他们带回到过去，让他们想起了某一个老朋友、某一个伤感的故事、某一个儿时的梦想，这一切激活了他们过去的生活经历。

想象是文本的重现、重组、重造

阅读时的想象本质上是思维活动，是根据已有的记忆表象，对文本进行加工、改造或重组的思维活动。培养学生的想象力，会有助于他们的智力发展和创新能力的提升。

关于想象在阅读中的益处和特征，美国阅读教学专家苏珊·齐默尔曼（Susan Zimerman）和克丽丝·哈钦斯（Chris Hutchins）在《七个关键阅读策略》一书里这样说："阅读时想象一个图像通常与另一个图像会联系起来，帮助对所阅读的内容产生更深层次的理解；脑海里的想象是与个人生活经验和记忆联系起来的；想象的画面不仅是阅读故事情节的'抓拍',还是气味、味道、感觉,而且还有恐惧、激动;当你唤醒感官想象或者产生画面时,阅读就变得立体化,使得阅读很有趣;想象有助于你记忆你所阅读的,因为你将关键的人物、场景、情节、事实提炼出来,并赋予个性化的理解;当你的阅读'摄影机'关闭时,大脑发出了阅读遭遇障碍的警告,提醒你要想象和思考;阅读,如果像电影徐徐展开的话,会帮助你停留在文字上更久;想象帮助你从文本的表面走向深度思考,从个人的视角呈现出具体的理解,将想象延伸到新的思考中。"

阅读中想象以三个层次出现。第一层次是重现,读者在阅读过程中想象那些点或片段,如地点、风景、人物、颜色,甚至人的说话声及动物的叫声等等,属于碎片式和瞬间性,类似导演拍电影时"咔嚓咔嚓"留下一个个原始画面,尚未剪辑修饰。

第二层次是重组,读者将文本的内容在脑海里重新组织、系统整理。思维导图是阅读内容重组的有效方式,读者根据文本特征在脑海里组织内容。学生阅读情节丰富的故事时,可以按照先后顺序分析故事发展、内在逻辑。例如,当分析台风成因时,学生可以用因果关系图,想象出多种原因和它导致的多种结果;在比较儿童文学作品中的人物时,如将《夏洛特的网》的威尔伯和《查理和巧克力工厂》的威利放在一起的话,可以用双泡泡图分析两者的异同。

第三层次是重造。读者总会在文本中遇到似曾相识甚至相同的事物,他们根据自己的经验迁移、想象,生成新的经验和理解。当读者读到小动物的故事,想到家里养的宠物,就会想象宠物的外形、神态、动作,这样有助于文本理解,甚至会改变对家里宠物的看法,从不理解它们的某些行为到理解。

重造具有主体性,糅合了读者的个人经验和认知。即使是相同的物体,在不同读者的想象中,也是不同的意象。我们可以做个实验,让学生画出对于春节的想象,一定是各不相同的。所以,重造建立在读者原有的认知基础和文本内容上，每一个读者都会在想象中形成独特的解释、具体的意象以及结论。阅读在自我的生命里得到了验证，获得了回响，也只有将书中的内容与自我真实的生命体验相互印证、相互映照、相互沟通，阅读才能真实有效地发生。阅读绝不仅仅是"眼睛"的事业，它其实也是人内心深处的事业，是一个人生命的事业。（北京教科院基教研中心，连中国）

激发学生的想象意识

学生的想象总是悄悄地潜伏在他们的脑海里，需要老师把它们激发出来。仅仅告诉学生阅读时需要想象是不够的，老师要亲自示范和演示，通过真实的阅读，教会他们如何利用文本想象。当老师给学生读文章时，让他们闭上眼睛，开始想象之旅。老师读几行，然后停下来，告诉他们自己的大脑中所看到的细节，越具体越好，甚至可以超越文本边界，拓展出去，或者具有一定的创造性，学生热衷和喜欢那些离奇的想象。老师通过展示自己的想象力，告诉学生如何抓住某一个契机或节点去大胆想象。到了下次，变换角色，轮到学生想象，让他们读些内容，然后告诉大家想到了什么、细节是怎么样的。一个游泳者只有下水才会学会游泳，在岸上学习再多的理论也无济于事。

在讲之外，还可以画画，这是一种培养学生想象力的好方法，无论是老师读还是学生自己读，放一本笔记本在旁边，鼓励他们在灵感涌现、想象发生时进行"涂鸦"。我们用这样的方式让学生珍惜他们的想象力，辅助记录他们的想象。有时甚至可以表演出来，用动作阐释故事。当学生阅读《大笨熊的故事》时，鼓励学生将故事中大笨熊的动作表演出来，如摸摸肚皮、从窗户上滑下来、摸着脑袋自言自语等等，我们可以发现学生的想象力是无限的。

对于处于不同阅读能力阶段的学生，要求也会有所不同。当学生还是学前阅读者时，老师可以与学生一起阅读绘本，交流绘本上的图片是什么，什么让学生想到了某一件事物，这样的谈论会慢慢开启他们想象的大门，让他们学会观察和思考。到了学生具有初级阅读能力时，就可以与学生一起讨论绘本，老师不仅自己描述图片，还要鼓励学生尝试说出自己的想法和观点。有一点很重要，就是在交流沟通中，让学生知道每个人对于文本的理解是不同的，而且，尊重每个人的想法，呵护每个人的想象力，则会激发更多、更高质量的想象产生。当学生成为独立的阅读者，阅读章节书或者大段大段文字时，想象变得至关重要，对于记忆、理解更复杂文本的作用会更大。高超的棋手总喜欢用复盘训练技艺，将名家的棋路在大脑里一遍又一遍地重新演练，这是棋手的想象策略。要提高记忆力和理解力，在脑海里"复盘"故事情节是好办法。如果读者能从自我感受和文字中形成图像，对于情节、人物、动机和行动建构意念，就更能记住文本内容，对于故事的整体性理解也更好。

想象是教师与学生互动的过程

好的文章总是充满感染力，描写细腻，真实生动。那些动作、颜色、声音、表情等词汇充满了"力量"，充满"力量"的词汇能够激发学生想象，是建构画面的最佳时机，犹如拍电影时人物冲突的高潮时刻。当然，想象不是静止的，不会停留在某个点上，而是动态的，贯穿在整个阅读过程中。老师不断引导学生想象，不断生成新的信息和理解，在互动中使学生对文本理解得更完整、更深入，并促进师生间的交流沟通。让我们看看老师可以如何引导学生应用想象策略：

当你看到这些词汇，你的脑海里出现什么？这些图像使你的阅读更有趣吗？为什么？

你脑海里的图像来自哪儿？文本中的什么词汇让你想到这些图像？

既然你想象到这章的内容，那你能想象一下，下一章即将是什么？

当你阅读时，你的脑海里的图像发生变化了吗？是什么导致了变化？

你的脑海里是如何将两个场景进行比较的？请分享你是如何组织信息的？

请在诗歌上画出"强有力的"名词和"积极的"动词，它们如何使诗歌栩栩如生？

在文章上标注出你想象的地方，解释它们如何帮助你确定文本的关键之处，抓住重点。

作为一名读者，想象对你的写作有何启发？

理解人物是阅读的重要内容，请你向他人描述人物的表情。

请说说在你今天所读的内容中，想象是如何帮助你记忆内容的。

学生是阅读的主体，当然他们所做的可以更多，也更重要。他们可以在能够想象的单词处贴上标签或标注，可以在"关键之处"想象或表达：

我能够想象到……

在我的脑海里，我能看到……

……的描述帮助我看到了……

……使我想到了……

当文章说……我能够想象……

在我脑海里的电影显示……

我能尝到/听到/闻到/感觉到……

也正是在这样的过程中，学生学会将文字转化为图像，主动积极地投入文本中，与文本开展积极的互动，理解文本，并建构独特的阅读体验。与此同时，阅读时的想象，能够锻炼和训练他们的想象力，开启心智。对于学生来说，想象力是无比重要的。

提问，带着"火把"
照亮文本，照亮生命

阅读有很多技巧和方法。阅读时学会提问，无疑是很重要的一种方法。古人说："学贵有疑，小疑则小进，大疑则大进。"阅读时如何引导学生提出问题，从而向文本更深处漫溯，并成为独立的阅读者，是重要的阅读策略。

为什么我们的孩子慢慢从"有问题"走向"无问题"

对于提问，一直是关心教育的人们讨论的内容。幼儿园和小学阶段，课堂上常常是"丛林"现象，可以看到孩子们争先恐后地举手提问或回答问题，在家里孩子好像也总有问不完的问题。到了初中，是"参天大树"现象，只有少数学生愿意举手、回答或者主动提问。到了高中，无人提问的情况更甚，课堂成为了"戏堂"，常常是教师一个人唱着独角戏，自问自答，学生观看而已。

所以，有专家在中西方教育的比较研究中曾说："中国衡量教育成功的标准是：将有问题（不会）的学生教育成没问题，全懂了（学会了），所以中国学生年龄越大，年级越高，问题越少；西方衡量教育成功的标准是：将没有问题的学生教育得有问题，如果学生提出的问题教师都回答不了，那算是非常成功，所以学生年级越高，越有创意，越会突发奇想。"

犹太民族是一个特殊的民族，人口并不多。但是，从诺贝尔奖的获奖数据上看，他们获奖的比例实在是高得惊人。据统计，至少有201位犹太人或者带有犹太血统的人获得诺贝尔奖，达到了从1901到2017年全世界诺贝尔获得者总数的23%。如果没有犹太科学家，人类的文明发展可能要被大大地延后了。

犹太人的教育为什么能培养出这么多诺贝尔奖获得者？原因就是他们重在培养善于提问和质疑的孩子。他们的孩子，从小就是在提问中长大的。有个犹太人曾说："我小时候，每天回家，我爸都会用相同的一句话来和我打招呼：你今天提出了什么样的问题？我爸从来不问我那天学到了什么，他只在乎我是不是能保持好奇心。后来我才明白，原来提问的能力和学习的能力是息息相关的。因为如果你没有掌握新的知识，没有积极动脑思考，你就提不出新问题，也提不出好问题。"

学会提问的背后是好奇心，对世界万物的好奇心。在提问中能不断突破原有的思维结构，持续升级认知系统，增强创新发明能力。美国著名学者布鲁巴克也很精辟地指出："最精湛的教学艺术，遵循的最高准则就是让学生自己提问题。"

在阅读领域，提问也是最高准则。什么是高质量的阅读？重要的标准之一就是在阅读过程中，读者随着文本的演变和推进不断提出问题。提问的过程是对话的过程，读者与文本对话、与作者对话、与自我对话，是读者挖掘文本、拓展文本的过程。

如今我们经常强调阅读中的批判性思维。什么是批判性思维？这是一种质疑和求证的能力。具有批判性思维的人在面对问题时不会轻易接受既有结论，而是进一步对问题进行深入思考，评估问题的深度、广度以及逻辑性，从而得出答案。更重要的是他能理性思考和独立思考，能够对人们司空见惯的现象质疑。

学生问题意识和提问能力的培养，是阅读中批判性思维培养的起点。如果一个学生只是跟着文本情节"随波逐流"，全然没有自己的思考、全然没有联系自我的个人生活经验，只是在文本的表层滑行，当然无法引领他们自己走向文本的深处，更不必谈与文本、与作者开展积极的对话，批判性思维更无从谈起。

培养学生在阅读中提问和对话，其实也是培养学生良好的阅读习惯和方法。一个终身的阅读者一定具有其独特的阅读密码和阅读方式，但是所有喜欢阅读的人都是会思考的人，思考的过程就是提问的过程，也就是在阅读过程中不断在文本本身和个人经验间建立联系，浸入文本，并生成新的理解和体会。一个在阅读中不断探索意义、塑造自我的阅读经验的人，势必会成为终身的阅读者，也是阅读个性化的体现。

信息化社会，知识浪潮汹涌而来。在这样的情形下，我们缺的不是知识、信息和书籍，而是鉴别力和分析力，这样的能力是建立在提问的基础上的。什么是重要的知识？什么是有价值的知识？这些知识与我的生活有何关联？这些知识如何为个人的核心竞争力服务？这些提问能力同样与阅读有关，阅读本身是去伪存真、去粗留精、甄别分析的过程。会提问的孩子自然具有鉴别的先导思维、质疑和修正的思维，他们在阅读时能判断哪些是具有价值的，哪些是不值得花时间的。

在文章开头谈到孩子随着年龄的增长，问题慢慢消失的现象，原因在于无论在课堂、生活还是在阅读中，我们很少鼓励孩子提问，很少提供宽容的提问时空环境，也很少鼓励孩子去表达自己的困惑。久而久之，他们的好奇心就变淡了，探究意识变得薄弱了，就不会主动提问和积极思考。

六段式提问贯穿整个阅读过程

阅读的提问不局限在某个阶段，而是贯穿在整个课堂或者整本书的阅读之中。这里的六段式阅读提问法，将教师和学生的提问糅合起来，串联起了基于文本从头到尾的问题链，也架构了阅读的提问模式，可以激发学生的提问思维，培养学生的思维品质。这些问题的提出者可以是老师，也可以是学生。

1. 读前提问

阅读专家一直认为阅读前的思考和提问很重要，也就是说用问题开启阅读一本书或者一个故事。教师应该通过建立一定的阅读模式，如培育阅读热情、设定阅读目的和激发对于文本的好奇，这样必然会激起孩子内心的阅读欲望。

当然，要允许学生选择他们自己喜欢的书籍，这样对话的大门才会慢慢开启。试想，一个孩子对某一本书籍丝毫不感兴趣，他怎么会有提问的欲望呢？有研究证明，如果孩子能够选择恰当的材料，阅读的准确率至少能够达到 98%。

当学生选好一本书或者教师提供阅读材料后，教师就与孩子讨论，鼓励他们提出问题，开展文本阅读前的探索和交流：

浏览书的封面、标题、简介，猜猜这本书是关于什么的，我是如何知道的？

为什么阅读这本书，或者为什么选这部分？

什么使我对这个主题感到好奇？

这个故事的标题是什么？这个标题提示了关于这个故事的什么线索？

这本书的作者是谁？这本书的插画作者是谁？

我认为这个故事里会发生什么？我是通过什么得出这个观点的？

我希望从书中发现或学到什么？

关于这个话题，我已经知道了什么信息（知识）？

通过预览书中的照片（图表等），我觉得我能学到什么？

2. 读中提问

具有提问和思考元认知策略的读者会在阅读过程中进行自我对话，这个对话对于理解文本极其重要。对话的过程是对文本加深理解、建构意义的过程。教师可以鼓励孩子提出他们自己的问题：

故事主要元素有哪些？什么是主要的思想？

主人公是谁？配角是谁？如果是非虚构性文本，主要表达了什么观点？分观点又是什么？

如果可能的话，我会向作者提出什么问题？如：当初是在什么样的背景下创作这个文本的？作者的背景与文本的背景有何相似之处？

在文章或故事中，埋藏了何种线索，暗示或者隐喻了作者写作的意图、表达的想法？

如果我能够重新写这个部分，我的文本与作者的原文会何处相似，何处不同？

我认为接下来会发生什么？我觉得（角色）会作出怎样的反应？

如果这种事发生在我身上，我会有什么样的感觉？

如果我是角色，我会怎么做？

哪些图片让我印象深刻？

我能预测接下来会发生什么吗？

主人公想怎样？

书里的插图是如何解释故事里发生的事情的？

作者为什么告诉我这个话题、观点或信息？

书中的图片、地图或插图对我理解文本有哪些帮助？

书中有粗体或斜体字吗？为什么？这些文字增加了哪些信息？

我能说出作者对这个话题的感觉（看法）吗？我是怎么知道的？

这个话题让我想起了生活中的什么事情吗？文中的词汇、概念是什么意思？我能说出我是从哪段文字中学到的吗？

3. 再读一遍

当学生阅读完最后一行字，是否意味着他的阅读旅程结束了？当然不是，真正的"阅读巅峰"是发生在学生阅读文本结束后，因为阅读后的提问和思考更多地体现在生成和创造上，将文本经验转化为个人经验。

可视化在提升阅读效果、培养元认知策略方面发挥着积极的作用，这是一种叫作"大脑重现"的方法。老师可以鼓励学生闭上眼睛，想象复杂的、抽象的概念，使它们在脑海里立体化；还可以要求学生去想象故事里的人物形象、场景地点和情节动作等等，将故事活灵活现地在脑海里呈现出来。

在阅读一遍之后，学生还可以重读一遍，这次阅读与第一次阅读的任务和目的略有不同。如果说第一次阅读就像登山过程中对沿途风景的欣赏和浏览，是细细体会文本的细节的话，那第二次阅读是登上山峰的俯瞰和远眺，一览广袤的风光，更强调的是对于文本的整体把握和再生成。此时，学生可以借助阅读导图，建立故事或文本的框架结构，将文本故事里最主要的要素或支持的细节完整呈现出来。

4. 总结文本

总结文本，是检验学生是否理解故事或某个章节的最佳方式，这也是文本输出、思想锤炼的一种过程。但是总结的能力不是自然而然生成的，而是家长和老师需要帮助孩子搭建问题的支架，引导他们，使之慢慢具有总结、分析的能力和意识。

在我读的文章中，什么是作者最想表达的，或者什么是最重要的？
文本中的"为什么、谁、什么、何时、如何"的问题是哪些？
什么是故事的主线或观点？用自己的话表达出来。
这个故事（这一章）中发生的最重要的事情是什么？

5. 评价文本

评价在教学目标范畴属于高阶能力，要求学习者获得文本信息、分析文本内容信息，包括以自己的标准来判断文本内容，阅读活动中的评价也属于高阶思维，是高水平阅读能力的体现。

作者为什么写这个故事？他想让我学到什么？
我能用自己的话来复述这个故事吗？
有哪些词汇或观点我还不明白？
我能按顺序说出书（文章）中发生了什么吗？
我认为作者为何写这个主题？
解释作者的逻辑和推理。
作者的信息源自何处？

6. 延伸文本

阅读最终是为了什么？仅仅是为了理解文本吗？或是对于文本中字、词或句的识记和掌握吗？不是！根本在于促进学生主体的自我建构和生命成长。只有将学生的生命体验和精神探索与阅读结合起来，对文本再建构和再创造，才能达到阅读塑造人精神和灵魂的真正目的。"读者系"问题将学生慢慢引导到他们在阅读中与自我体会、经验的连接。

故事结束以后，我觉得主人公接下来会怎样？

我的预测是正确的吗？为什么？

这个故事（角色）和另一个故事（角色）有哪些不同？

关于这个话题，我最感兴趣的是什么？为什么？

忘却作者的想法，我个人对于所提到的话题有何自己的想法和观点？

我从这个故事中获得了什么？我学到了什么？学了这个，对我的生活或价值观有何影响？

我已经读完这本书（这篇文章），接下来我想了解（学习）什么？

我会给这本书（这篇文章）重新起一个什么样的名字？

我同意（不同意）书（文章）中的这些观点吗？为什么？

如果我要跟其他人分享书中的一个事实，我会告诉他们什么？

我会问作者什么问题？

当然，对话能力和提问能力的培养不是一蹴而就的，而是依靠家长和老师长期的引导和培养。而这些问题就像探险者跋涉在黑暗的隧洞里手中举着的"火把"，能帮助学生在阅读的黑洞中突破障碍，生成体验，获得情感，培养思维。

对话是阅读的真正形态，是建立在主动建构、批判吸收的基础上。这种对话是读者与自我对话，与文本对话，与世界对话。这个对话过程是将一篇文章或者一本书读厚、读透、读深的过程。其实从哲学意义上，也是与世界的对话，书中的世界是怎样的？个体的世界是怎样的？书中世界与现实世界是如何映照的？个体世界与现实世界是如何交汇的？也正是这样的对话，学生才慢慢建构起自我的世界，探索到真实的世界。阅读实质上是一种思考的过程，而且这种思考会影响我们的观点，塑造我们的价值。

推理：在阅读中做一名"文本侦探"

优秀的作家在写作时，是不会把所有的思想或观点都直接明确地表达出来的，而是或多或少地用一种隐含的方式表达思想。要理解作者的意图，从字面阅读到深层阅读，需要读者的推理，从字词中寻找意义线索，挖掘字面的隐含意义，推测作者隐含的意图和态度，也是意义深刻的隐喻。优秀的读者，就像一名水平高超的侦探，根据文字的"蛛丝马迹"，顺藤摸瓜，挖出含义以及思想的"真相"。

推理是阅读素养的核心能力

北京语言大学谢小庆教授曾说过："交流表达能力、逻辑推理能力以及审辩式思维能力是阅读素养中的三个最重要的核心能力。"分析、推理和判断，以及抽象和归纳文本，不仅是对文本的深度解读，本身也锻炼了思维能力，对学生的智力发展很重要。在某种意义上，阅读不是用眼看的，而是用心读的，是一项复杂的智力活动。

2018 年 PISA 阅读素养测试框架强调了文本处理过程，其中"理解"是七个内容之一，对于理解是如此定义的："构建一个完整的文本理解需要整合从句子到段落的各种材料，阅读者的推理则是从简单的推理到复杂的连贯性关系推理。"阅读文章不仅仅是解码、认识或读出每一个字词，获得字面表达的意义，更重要的是将文本内容与先验知识结合起来的映射和推理。

推理的本质是深刻理解文本，解释所阅读的内容，并判断和下结论，是超越文本的。读者的大脑并不是简单地、机械地重复作者的字词，而是找到上下文的连接点，提出疑问和思考；读者还会进行预测，猜测接下来将发生什么。如此，故事场景在读者大脑里更加清晰，读者还能在语境下猜测出生词，对单词的理解更深刻，读出字里行间所蕴涵的意思。

推理是一次个人的探索之旅。探索作者没有写在表面的内容，在一定程度上阐释了读者的阅读理解的程度，可能是在读完文本后要回答的问题，也有可能是在阅读过程中时刻发生的细微的活动，如根据上下文悟出一个生词的意义、看到笑话时哈哈大笑、对故事背景的想象、对事实或数据的反应，甚至回答出一个字谜。

把"假阅读"变为"真阅读"

很多学生能够大声读出词汇，表面看阅读很流利，一页读完后急着翻到下一页，然后匆忙地完成阅读作业。每天也会看不少书，阅读量也不少，但是他们的内心却"波澜不惊，风平浪静"，并没有被他们所读书中的人物或情节感动。他们很少猜测会发生什么，很少思考为什么这么发生，很少考虑文字的内在深意，或者在情节间建立联系，前后分析。这是一种"假阅读"，而不是真正的阅读。

老师应该鼓励学生把他们自己放入文本中，鼓励他们谈论阅读故事时的感想、回应。总是问他们"你是怎么想的？什么吸引着你？"这样简单的问题，就如同"铁钩"，会勾住孩子的心。在交流中，更要尊重和珍惜孩子的推理和想法。他们的想法也许不对，并不是教师所要的真正的答案，但这并无妨，他们在推理过程中对文本的思考、慢慢形成的分析和判断能力以及他们乐于分享交流才是阅读最终的目的。此时你给孩子创造的是"主人翁"的感觉，他们会意识到阅读时需要思考、推理，将阅读变得更有意义，并且，从中他们会得到很多乐趣。

其实，推理不仅仅发生在阅读时，也时时刻刻发生在我们身边。每天我们在"阅读"世界，看到所发生的一切，这一切就是我们审视和理解这个世界的线索。孩子的成长过程就是推理过程，他们将个人经验和生活经验糅合起来，推断所发生的一切，形成自己的世界观和人生观。一个孩子的推理能力和观察能力越小被培养，他以后的洞察能力和逻辑思维能力也就越强。

推理 = 文本线索 + 背景

推理，简而言之，就是文本线索加上个体经验，即读者根据词汇、句子或段落的文本证据等线索，结合自己的经验和背景，进行推断和猜测。当一个学生在绘本上看到天空上乌云密布的画，他就会根据自己的认知经验，推测"天要下雨了"，还会理解故事主人公蚂蚁为什么急着要回家，因为蚂蚁对空气湿度变化的感觉非常灵敏。在此推理过程中，"雨"是线索，"蚂蚁对雨的灵敏性"是背景，推理和结论是"蚂蚁要回家，因为天要下雨了"。这就是用生活的背景知识帮助他们理解故事。

推理在所有的文本阅读中都很重要，不过在虚构类文本的理解和阅读中更为重要。在虚构类作品中，背景、人物和情节通常是互相影响、互相作用的，而且在文字表达上更倾向于细腻或隐晦，中心思想通常蕴藏于具体的细节中，这些特点显示了推理在阅读虚构类作品中的必要性。

阅读《红楼梦》这本书，要分析林黛玉的性格特点，就需要从她所处的宏观、中观和微观的生活背景推理和思考。林黛玉出生于钟鼎之家和书香之族，然而父母相继去世，她寄人篱下不得不处处小心谨慎，因而，她自尊自傲又自卑敏感。如果读者把自己置身于当时的时代，结合她的生活背景去理解她复杂的性格，这就并不难了。

一个真实逼真、生动形象的人物是由许许多多的细节组成的，包括人物的外貌、衣着、说话方式，欲言又止的话、情绪、动作、对话等等，无不是人物的"标签"。读者要将所有的细节联系起来，才能推断人物的情感和性格，并整合故事里各部分内容，解读性格特点变化的原因，还可通过分析人物的想法，进而推断作者的观点或思想。

再举个《红楼梦》的例子。黛玉进贾府时，正和贾母等谈论着自己体弱多病和吃药等事，"一语未了，只听后院中有人笑声，说：'我来迟了，不曾迎接远客！'"这个人是王熙凤。擅长推理的学生读到此时，就会判断王熙凤是爽朗、泼辣、张狂的角儿，而且在贾府的地位非同小可。为什么？因为在当时全场肃静的背景下，她人未到声先到，且笑声放肆，细细分析和推理这些线索，王熙凤鲜明的人物形象就会跃入脑海。

训练推理能力从词汇游戏开始

推理是整合、联系、判断的过程，是阅读理解中的高阶思维能力，但培养推理能力并不是只有到了高年级或者针对阅读水平很高的学生才开始，而且培养学生的推理能力并不是高不可及的事。老师可以从词汇想象游戏开始，自己先开个头："像雪一样白"，然后要求孩子接下去，如像牛奶一样白，像绘画纸一样白等。当讲完一个比喻后，老师变换角色，让孩子开头，重新开始接龙，如像塔一样高，像狼一样凶狠等，游戏可以一直循环下去。此游戏中的"白"是线索,"牛奶、绘画纸"是答案,孩子在两者间建立了联系,是因为生活经验或者背景知识发生了作用,半开放的游戏结构能激发学生的思维,这不失为一个有趣有效的方法。

"猜猜我是谁"的游戏也可以培养孩子的推理能力。游戏可以由三到四个人参与,甲方一个人知道答案,知道答案中"那个人"的身份,乙方其他几个人轮流提问,看是否符合"那个人"的特征。如果20个问题问完了,答案也出来了,那乙方攻关成功,赢了;反之,甲方赢。这样的游戏能够帮助孩子关注线索,激发他们思考和提问,并学习将他们的背景知识与文本证据、线索联系起来,作出判断。

阅读过程中,预测是培养推理能力的最佳方法。书名、图片、作者、标题、背景、单词等都可以是猜测的线索。当孩子拿到一本书时,首先看看书名及封面图片,预测这本书是关于什么的,还可以思考作者是谁,以前是否读过他的作品,风格如何。

阅读过程中,"峰回路转"是预测的最好时机。如一章结束后,一个情节告一段落时,一个冲突出现时,猜想接下来会发生什么。在阅读完之后,反思和回顾一下,评估自己的预测正确与否,文中的什么线索帮助自己成功预测到结果。预测是一个过程,帮助学生注意到自己阅读是否有序,是否按照文本的内在逻辑进行。

当学生在阅读中看到一个生词时,如果做的第一件事不是翻开字典,查阅生词,而是根据文中的图片、上下文的语境,或者前后联系等方式,辨别出意义,那就表明他已养成了推理的习惯。一个猜词高手,必然也是一个推理分析的高手,其阅读理解能力也很高。当孩子看到故事中人物的性格发生变化时,会从主人公身处的环境和经历分析变化的原因及结果。推理是痛苦的过程,绞尽脑汁,调动感官,分析鉴别,然而当答案浮现在脑海时,也是最为快乐的时刻。

教师在教学中可以给学生提供预测话语支架,让他们边阅读边预测，如"我预测……""我认为……将发生是因为……""也许……将发生""当我读到……，……使我想到了……""我敢打赌这个人物将……""我想知道……是否会发生""有可能意味着……""……词汇使我得出结论……"等等。话语框架系统是一种教学支架，在教学生如何说的同时，也是教学生如何做，教他们如何思维，在某种意义上，教学支架也是方法论，即说话的方法、思考的方法和学习的方法。

任何一篇优秀的作品都有"诗和远方"，蕴藏着深刻的人生哲理、生活道理、事物规律和观点洞见。找到这些"诗和远方"是人们阅读的最终目的，是精神滋养和灵魂洗礼。家长和老师要不断地引导孩子思考和分析文本细节，在细节的整合和分析中，推理出寓意。很多情况下，作者并不会平铺直叙，而是将寓意或结论蕴藏在丰富的细节中。所以，推理的最重要的，或者说最根本的任务是集聚"证据"，判断和得出结论，昭示作品里深刻的寓意，帮助学生建构人生观和世界观，这才是阅读的本源性问题。

附：

一个优秀"文本侦探"的十大好习惯：

1. 停下来思考，重新读一遍。
2. 将自己所知道的与文字和图片联系起来。
3. 阅读某一个阶段后，概括所发生的一切。
4. 提问和回答接下来将发生什么。
5. 仔细观察图片中的细节。
6. 思考某些词汇到底是什么意思。
7. 学会与自己对话和交流，并陈述自己的观点。
8. 试着在自己的脑海里看到文本。
9. 将作者所写的细节整合起来。
10. 能够对文本下结论，猜测和形成观点。

抓住重点阅读：
信息时代的稀缺能力

书籍不同，阅读的方法自然也就不同。有些书是需要精读的，或者慢读的，而有些需要泛读，或者快读。如果阅读一本小说，只要循着作者的思路，理解情节和思想就可以；如果阅读知识类的书，需要"纲举目张"，在最短的时间内获取最多的知识，这就需要一种阅读策略：抓住重点。

抓住重点是信息时代阅读的关键

抓住重点，是如今资讯发达、信息爆炸时代下阅读的重要策略。正如富斯德所说：我们可以由读书搜集知识，但必须利用思考把糠和麦子分开。与几十年前相比，信息生成和知识更新的速度已大大加快，人们缺的不是知识或信息，而是学习能力。

中国教育学会副会长、上海市教育学会会长尹后庆在一次互联网背景下如何指导学生阅读的会议上阐述了他的观点：在"一次性信息时代"，中小学生面对的大多是碎片化的知识。这时候，学生需要的是"信息流畅力"，即在快速变化的信息中提取必要的、有用的知识，理解其中的内涵，并利用这些知识来解决现实生活中的问题。尹会长提到的"信息流畅力"，其实就是抓住重点的阅读策略或方法，在纷繁芜杂的知识海洋中找到自己所需要的。

"抓住重点"不仅在书籍阅读中十分重要，在生活和工作中也很重要。当我们打开电视机，观看新闻，扑面而来的是种种"信息"：天气预报、新闻大小标题、滚动新闻、大小新闻画面，有时还会有股票指数、寻人启事等，充斥着整个屏幕。观众观看什么？要关注什么？这对观众抓住重点的能力提出了要求。还有，微信微博满天飞，各种推送时不时跳出来，许多文章表面看上去很有道理，吸人眼球，实际毫无意义。

PISA阅读素养测试的标准之一是"学生们能够结合自己的知识结构，熟练地找到或重新发现自己需要的信息"。这就是阅读中抓住文本重点，提取信息的能力。只有抓住重点，学生才能形成对文本的广泛全面的理解，能够解释原因，反思文本的内容和形式，并提出自己的观点。

先要清楚阅读的目的，再阅读

美学家伊瑟尔（Wolfgang Iser）提出：作者在创作过程中始终要存在着"隐在读者"(implied reader)。说明作者写作时要具有读者的意识，在提笔疾书时"为什么写"的想法始终悬在脑海中。一般来说，书籍的目的分成三种：告知、取悦和说服。告知类就是信息类，如通知、广告、菜单、介绍、指南等等；取悦类表现为笑话、幽默、小说、散文等等；说服类更多是议论文、演讲等。

读者要抓住重点，首先要清楚自己阅读的目的，是为什么而阅读。只有明确阅读的目的，读者才会决定哪些信息对于他是重要的，或者必需的。在家里读一本生活杂志与在教室里阅读一本小说的目的是不同的。阅读一本生活杂志，通常是消磨时光，随手翻翻，毫无目的。偶尔看到你感兴趣的，目光会停留长一点；有时是为了发现一些有用的资讯，如旅游目的地介绍，或者流行服饰，家居装饰，那读者会先打开封面，浏览目录，根据目录找到自己需要的内容，然后再去看，或者由于时间关系，决定先读哪部分。阅读小说就完全不一样了，读者不但要记住情节、人物、事情经过，还要把它们整合起来，理解、消化。

　　阅读目的不同，决定了读者阅读重点不同。阅读目的与写作目的有点类似，一般也是三种。第一种是为了乐趣的阅读，学前儿童的阅读，或者纯粹是消遣的阅读；第二种是为了信息和知识的阅读，为了获取知识和开展研究，像新闻、学术刊物、教科书、表格、指南等资料；第三种是为了提升灵魂和境界的阅读，如名著、诗歌等。在这三种阅读中，确定重点这一阅读策略经常与非虚构文本阅读联系在一起，因为非虚构文本种类繁多，用途和目的各不相同。曾经有个有趣的数据，生活中 80% 的阅读都是非虚构文本阅读，所以如何确定重点在阅读中尤为重要。

怎样才是真正会抓重点的读者

　　我们看看三个阅读者的表现：第一位阅读者用他的黄色荧光笔在书上画出很多内容，作为重点，书上满眼是黄色。看样子他在区分重要的和次要的信息上存在着困难，很难确定哪些是重点。第二位阅读者说："我注意到这页上，作者的意图是让我们知道主角是谁。"他能够确定故事的要素，这将有助于阅读者接下来的推理和综合活动。最后一位阅读者则说："我注意到作者描写很多关于人物的细节，我通过他的行为、话语、想法以及他的表情了解人物。"他知道"重点"是什么，知道如何找到"重点"，并能够利用"重要的线索"，理解人物的特点，帮助解决分析人物的问题。显而易见，三者的阅读能力有很大差异。

一个会抓住重点进行阅读的读者通常具有"提前意识"和"问题意识"。在读前会决定阅读的目的；有意识地确定和寻找新的信息和知识；在脑海里带着一定的问题进入阅读，尤其对于非虚构文本，会审视整个布局和结构，并知道要通过哪些方法或收集哪些信息解决问题。

哪些是抓住文本重点的线索

《如何阅读一本书》讲到阅读具有四个层次。其中，第二个层次的阅读，称为检视阅读，是在一定的时间之内，找出一本书的重点。作者建议先看书名页，如果有序先看序，大致了解主题及类型；其次是研究目录，快速把握一本书的框架；接下来看看索引、关键词汇或速读。检视阅读，在某种程度上就是抓住重点的阅读。

从"检视阅读"的介绍中，我们可以进一步拓展抓住重点的阅读策略、方法和切入点。尤其在非虚构文本中，书名、序、章节、目录、后记、大小标题、黑体字、斜体字、大写粗体字、侧栏信息、带说明的图片、引用、时间轴、地图等蕴藏着这本书哪些是重点的信号。现在还有些书籍后面有关键词，也会透出这本书的重点，这些关键词串联起来的便是文本的框架以及重点的内容。读者浏览这些元素，可以更快捷地抓住什么是重点。

在某种程度上，"检视阅读"属于表面阅读，读者只是从书籍的排版和布局上捕捉重点的信息，往往比较适合非虚构文本。而要找到虚构类文本的重点，还要从"前后"入手，即分析文本的前后，确定和找到重点。"前后"意味着发展和变化，读者应该紧紧抓住"变化"的主线，找到重点。在阅读小说时，思考人物在故事开始和结束时不同的性格特点，想一想人物有何变化，是什么造成那些变化。读者能从人物变化中获得什么启发。又如情感的变化，阅读者要注意，人物在故事中经历了哪些事情，这些事情导致了怎么样的情感变化。再如情节的变化，留意故事是如何发展的，一开始如何，结束时如何，矛盾和冲突是什么，最后是如何解决的。里面贯穿的一条主线就是文本的重点所在。

"重复"是确定文本重点的另外一条内在主线。书中重复出现的事物或者词汇，如某个物品、某个人物、某个环境，甚至某个问题，它们有可能是文本的重点所在。莫泊桑的《项链》中"项链"一次又一次地出现，而且题目也叫"项链"，主人公也将"项链"作为一切的中心。毫无疑问，这本书的重点就是"项链"。然而，这还不够，还要思考这条项链代表着什么。也许它代表着财富和金钱，主人公很穷，买不起项链，只能到朋友那儿借。所以，项链或许还代表着追求享乐、追求虚荣，是当时一种恶劣的社会风气。

再有一个方法是从"主次"入手，阅读时抓住主要和次要的关系。阅读时试着去找到主题句，它们会藏在句首、句尾，甚至句中，会直接表达文章的观点。次要的内容只是解释、应证或者说明而已。还有是主要人物与次要人物，主人公间的关系和发展变化就是故事的主线。一本《红楼梦》，据红学大师徐恭时统计，枝枝蔓蔓总共写了九百七十五人。然而，如果你抓住了贾宝玉、林黛玉和薛宝钗三个主要人物的关系和发展，"纲举目张"，故事主线就豁然开朗，重点也就出来了。

综合和判断：
超越文本的创新之旅

俄罗斯伟大诗人普希金说过："读书和学习是在别人思想和知识的帮助下，建立起自己的思想和知识。"要获得"思想和知识"，只有通过分析、思辨、判断、结论和综合才能形成。阅读，如同酿酒一样，是个发酵的过程，书中内容是"粮食"，读者的思考是"酒曲"，两者互相作用，最后才能有"酒"，也就是属于读者个人的收获。判断和综合是阅读策略中层次最高的，也是检验阅读效果的"收官"策略。当一个读者读完一本书或者一篇文章，想一想到底带给自己什么启发和收获时，综合和判断策略发挥作用，将阅读的效果提高到最高的水平。

综合和判断：阅读理解的高阶策略

综合和判断的策略是与确定文本重点的策略联系在一起的，因为只有读者确定什么是这本书的重点时，判断才会正确，综合才会全面。综合是将文本内容和信息排序、整理；回顾和回忆重要的内容；用自己的语言表达，并将所有的内容和信息整合成完整的个人的观点。综合和判断，是人类区别于动物的高级思维，因为只有人类才能从各种各样的信息中提取最有价值的，聚焦自己所需要的，进而转化为自己的想法，形成判断和观点。

综合和判断，类似于拼图活动，将不同的、微小的图片，拼成一个大的马赛克图片。每一幅大的图片都蕴含着一个主题，或关于某个人物，或关于某个事件，或关于某个观点。读者的阅读，就是对文本有价值的信息进行搜集、整理和提炼，直至产生属于自己的观点和结论。

戴比·米勒（Debbie Miller）在《有意义的阅读》一书中形象地解释了综合和判断策略：一开始，书里的内容好像只是一件事物，但是当我们继续深入下去，仔细阅读，我们的思维就会发展和拓展出去，"这件事物"变得越来越大，而且在某种程度上会发生变化。她还说，在综合和判断策略的应用中，读者应该会这么说："我过去认为……"，"我在文本中阅读到或者看到……""现在，我认为……"所以从米勒的描述中，一开始读者阅读时，只读到某一件事，然后读者获取了新的信息，想法发生了变化，变成另一件事物，这就是综合和判断。在这个过程中，读者阅读时应用鉴别、分析、思辨等高阶思维，思维不断地发展，这就是"阅读就是思维，就是思想"的表现。

读者生命与文本内容相互映照

我们的阅读困境是经常将文本信息和内容的提取等同于阅读理解，而且将老师或者家长的理解和试卷命题者所谓的中心思想强加给学生，久而久之，阅读者会失去独立思考的能力。其实，阅读是读者高度个性化的心理和思维活动，是需要个人经验和判断生成个体体验、文本和个体互动的活动。综合和判断，一定是结合自我生命的回应，结合读者个体的感受，才具有价值和意义。

《平凡的世界》自出版以来，一直很热销。对于这部作品，最为"经典"的诠释——在平凡的世界里，主人公展示出他们的不平凡，即"对命运的抗争"。这样的主题对于生活经历和经验迥异的 21 世纪的读者来说，他们的世界不同于少安少平的世界，似乎少了很多共鸣之处。当我们判断和总结文本时，要建构属于文本的世界，也要催生属于我们的世界。我们与世界交往的方式有多种，有时要坚持，有时要抗争，有时要和解，有时甚至要妥协。

熊培云的《我改变不了世界，我能做些什么？》一文中勾勒了他的世界："不能因为世界错了，也跟着错，甚至为此沾沾自喜，以为你不孤独，以为沐浴了堕落世界的荣光。"在熊培云眼里，人在这个世界上不要被现实完全束缚和羁绊，始终要在强大的现实面前保持独立的清醒。

如何引导阅读者综合和判断

说得简单点，综合和判断就是读者将书中重要的信息挑选出来，更好地理解作者和文本。最终，经过自己的思考表达出核心问题，形成新的观点和思想。

要教会学生综合和判断，让他们总结或者复述是最简单易行的办法。老师应该鼓励学生用自己的话将故事表达出来，尤其对于低龄阅读者来说，总结故事会让他们思考故事中重要的情节和细节，并通过一定的逻辑关系呈现出来。总结非虚构文本是另外一种方式，要侧重于主从关系，按照主题、中心思想和细节的结构展开；或者因果关系，分析事物发生的原因和结果；或者是顺序关系，根据事件发生的先后排列；等等。

总结的形式可以多样化，并不是拘泥于整篇文章或整本书，可以灵活多样。如从某个角度总结故事蕴含的深刻道理，根据人物的需要进行总结，在每一章结束的时候进行总结，复述某一段的段落大意，等等。总结和复述的好处不仅仅在于培养学生的信息汲取能力和判断能力，还能培养他们的口头表达能力及逻辑思维能力。脱离文本，能够独立将故事总结得重点突出，观点鲜明，需要学生缜密、系统的思维，这一点就是逻辑思维能力的表现。

"关键词"活动，也能帮助学生学会综合和判断。学生阅读一本书后，将书中的内容以关键词的形式提炼出来，并将它们按照一定的逻辑或结构组织起来，形成文本内容的"骨架"。这些关键词连起来，就是文本的主要观点和主要脉络，会有助于学生建构总体的观点。这个活动超越事实和信息回忆的层次，要求学生鉴别、提炼信息，形成判断。

"两个观点变成三个观点"也是一个有效的活动方式。这有助于学生从某一个主题识别不同的观点，包括找到他们自己的声音。老师可以提供给学生两本书或两篇文章，它们在某一方面相似，如主题、领域、问题、对象、作者、种类等等。学生先找出第一本书里作者描述的细节以及观点，然后找到第二本书的细节和观点，比较他们的异同。最后，学生分享他们自己的观点，分享时告诉大家两本书的作者是如何影响自己的。

处理冲突是比较的核心。两个文本、两种表达、两种观点，会带给读者认知上的冲突，会突破他们的认知舒适区，激发思想的碰撞，生成新的认知。好的故事本身也充满了冲突，故事里的人物都会面临各种冲突，使得他们无法实现他们的目标。如何面临应对冲突？如何处理障碍？读者在阅读时，势必会从文本中找到解决问题的方法，从而更深刻地理解人物和思想，更好地判断和分析。

教师和家长引导的八个角度

在活动中，教师的因势利导必不可少，要根据孩子的阅读和反馈，适时推动学生积极思考。教师的引导和对话如同"催化剂",催化学生思考。简而言之,综合和判断就是把书中的线索与自己现实生活中了解的信息结合起来,陈述自己的观点。教师和家长可以从以下八个角度引导学生应用综合和判断策略:

(1)引导总结和重复文本。用几句话,尽可能言简意赅地复述文本内容,好像你正在与一个从未阅读过这本书的人交流,让对方在最短的时间内能明白你的意思。

(2)引导简化和强化文本。如果你面对一个比你年纪小的孩子,要解释故事给他,你如何解释?如何吸引他?这要求你能深入浅出地将核心的意思表达出来。

(3)引导思考和鉴别文本。阅读过程中,学会在顿悟或者理解时,对自己说"哈哈,我想到了!"或者用笔在相关的文字边上做标记,如画星星、三角。

(4)引导提炼重要的内容。假设你自己是一位老师,你会将这个文本里哪些内容作为考试考察的内容。学做小老师会提高学生学习的积极性。

(5)引导思考策略的应用。想一想何种策略帮助你想到了这篇文章的涵义?它们是如何帮助你的?对于策略使用的评估也是阅读元认知的组成部分。

(6)引导综合判断的延伸。此次阅读改变你对某个观点的看法了吗?或者是否让你进一步相信某个观点?综合与判断一定会体现你个人的新的想法,体现阅读对你的影响和改变。

(7)引导思考的过程。阅读就是思考。思考你的归纳和总结是如何出来的。阅读要注重思考的过程,不要狼吞虎咽,不求甚解。

(8)引导联系理解和综合。如果一个读者无法将文本的细节和信息整合起来,那你如何帮助他解决问题?把问题抛给学生,让他们解决,既是对学生的信任和高期待,也是促进他们应用和理解,有时同学间的教要比老师教学生的效果好。

事实上，阅读过程中综合和判断策略的应用，本身是多种策略应用的结果，是读者一边阅读一边思考的过程，也是教师与学生互动的过程。综合和判断不仅仅是对于文本内容的学习和理解，而且是文本内容和个人经验持续交织、互动的结果。

综合和判断策略与理解抓住重点策略密不可分。读者首先要将最重要和关键的内容提炼出来，深度分析和理解之后，用自己的话表达新的观点，产生积极的、新的意义。因而，综合和判断不是复制和拷贝，而是超越文本的创新活动。

阅读策略教学，
本身也是需要策略的

陆陆续续地介绍了一些阅读策略，这些策略属于阅读中的核心策略，读者在阅读时几乎都会涉及。阅读策略教学帮助阅读者，尤其是处于练习阶段的阅读者，将抽象的策略转化为可行的思考路径和步骤，更加轻松和有效地深入理解文本。如同所有的教学一样，阅读策略的教学本身也是需要策略的。

清楚而明确地告诉学生阅读策略

阅读策略教学是以策略掌握为目的的，所以先要告诉学生学习的目标，要掌握和应用哪种阅读策略。学生一开始知道学习目标，就会强化他们的学习意识，朝着既定目标前进。老师解释某种策略，要清晰、直白、明确，使学生容易理解。适当的时候，教师可以作比喻、举例、画图、写程序，让策略在孩子的脑海里变成立体的、形象的。

有经验的老师教授阅读策略，是从与孩子的交流开始，并不是干巴巴地告诉他们某一种策略的定义。交流和对话会让孩子慢慢地理解阅读策略的步骤和做法，慢慢理解什么是真正的阅读。他们会明白，策略是思考的思维，真正的阅读者是"思考者"，思考文字背后的意义。他们还明了学习阅读策略不是仅仅为了知道每一个策略是什么，而是知道优秀的读者是如何使用思考的策略，从而更好地阅读。

老师要一直强化优秀阅读者的概念，只有当学生知道优秀阅读者的特点和表现，领会阅读策略的价值和意义，他们才会朝着一名优秀的阅读者努力。

选择合适的文本

每个阅读策略是各不相同的，对于学生的思维要求也不同。因此，教师选择合适的文本很重要，要与教学目标保持一致性。如果要重点教推理策略的话，教师需要挑选细节描写比较多的文本；如果目标是教联系和联想策略，就选择符合学生生活背景的文本；等等。当然，有些文本能够使用各种策略，只不过侧重点会有所不同。

教师在选择材料时，千万不要挑选长篇累牍的文本，最好比较简短，学生能够在半个小时内读完。绘本和图画书是上佳的选择，图片和图像会给读者留出无限的想象力，对于低龄阅读者尤其合适。通常，非连续文本，如对话、引子、图片、表格、图形等等，适合阅读策略的应用。有时学生的人数、班级的规模、小组的大小等都是选择文本时要考虑的因素。

阅读策略的本质是思维和对话，所以文本的选择要倾向阅读者共同的话题，如童年的主题，友谊、兄弟姐妹、学校、恐惧、嫉妒、孤独、帮助、个性。这些话题都与童年成长有关，学生通常对这些话题"有话可说，有事可想，有情可叙"。适合阅读策略教学的文本一定具有内在的张力，极具思考的空间，指向真实问题的解决，如复杂的人物形象、曲折的情节变化和丰富的观察视角。

一般来说，体裁不是影响文本选择的重要因素，诗歌、绘本、故事、新闻报道、杂志、教科书，甚至节选文本，都可以作为阅读策略教学的材料。所有的体裁都蕴藏着丰富的阅读策略的"用武之地"，教师没有必要局限于某一体裁的文本。

对话和回应贯穿整个过程

当学生在尝试和使用阅读策略时，教师要给予足够的时间，鼓励他们思考，生成属于自己的想法，然后不断鼓励他们将想法讲出来，与同学分享和对话。在对话过程中，有的同学会同意，那会增加发言者的成就感；也有同学会反对，就会激发大家的讨论，促进思维碰撞，这也是策略使用过程中的重要收获。

通过谈论和分享的团队协作，学生理解文本一定会比独自理解文本更深刻。在讨论后，教师应该引导学生回到文本继续阅读，验证他们的想法是否正确，验证策略应用是否合理。精读的特征之一是发现文本中的证据，支持自己的观点，对于策略使用效果的验证本身是精读的方法之一。

当一节阅读策略教学课结束后，教师应鼓励学生讨论和总结策略使用的效果，举例说明在何处用了何种策略，思考的结果又是什么，也可以把这些写在纸上，贴在教室里与同学们分享。如此，学生会产生强烈的成就感，在教师的带领和引导下，他们能够成功地应用阅读策略。乐趣和成效，是促进学生持续阅读的重要因素。

策略学习是从依赖走向独立

阅读策略是为了达到思考、分析和理解的目的而采取的手段，而不是最终的教学目标。"有为"是为了"无为"。策略其实就像一个临时性的脚手架，与任何学习的脚手架一样，它最终都会被移开。

一开始，阅读策略对学生来说是陌生、新奇的，教师要解释、演示和引导，使得学生知道大概，建立初步的印象。到了第二阶段，是结构化指导的阶段。教师用某一个策略理解和分析文本，用实例告诉学生策略是如何被应用的，展示教师理解的过程和收获。在这一过程中，教师不断向学生提问，他们是如何想的。学生结合自己的经验和经历分享，常常会感受到阅读的奇妙之处，因为每个人的经验和思维不同，结果也就不同。他们还会感受到策略的神奇，因为策略使得文本变得"越来越长，越来越深"。用了策略后，文字后面能挖掘这么多的意义，产生这么多新的感受。

到了第三个阶段，教师和学生的角色发生了变化，教师隐退到后面，只是一个观察者和指导者。真正的主角是学生，他们阅读文本，然后在小组内交流和分享。他们谈论在何处停下来，为何要在此停下来；他们还分享他们想到了什么，收获和乐趣是什么。教师只是适时出现，当学生需要解惑或者理解发生偏差时，给予适当的帮助。学生阅读策略的内化需要"静待花开"，耐心和坚持很重要，只有当学生一次次尝试，一次次修正，他们才会真正理解和掌握阅读策略。

到了学生进入"自主实践，教师观看"阶段，就是他们能够应用策略独立阅读之时。学生游刃有余，在文本中自由出入，能够精准和娴熟地使用策略，达到"无痕"境界。他们的理解和分析很深刻，各种观点百花齐放。这时学生就是一名独立的阅读者，运用策略变成自然而然的行为，他不用有意识地注意它们，只有在遇到困难时才会重新想到它们。

策略的应用最后是"打组合拳"

所有策略的教学和应用，绝不是各自为政的，而是从文本特征出发，自然交融、有机渗透的。正如要烧一道好菜，调料是必要的，然而每一道菜所需的调料不同，放入的先后顺序也不同。

尽管有时教学目标聚焦在某一个阅读策略上，但是离不开其他的阅读策略辅助，只是权重不同而已，没有一个文本的阅读仅靠一种阅读策略就可完成。真正的阅读策略高手一定是根据文本的特点，娴熟灵活地运用各种策略，成功地理解文本。

如果孩子固定地学习和应用某个策略，时间一长，就会产生依赖心理，形成固定的路径。老师应该教授多种策略，或者在一个文本中应用多种策略，目的是让学生脱离思维的舒适区。这不仅是阅读策略教学的规律，也是一名阅读者真实的阅读状态。

附 录

阅读策略教学案例（节选）

来源：《基于儿童友好型的理解策略指导下的意义建构》（*Constructing Meaning Through Kid-Friendly Comprehesion Strategy Instruction*） 南希·博伊尔斯（Nancy Boyles）著

文章名：《莉莉的一生和时代：一只母狗的回忆录》

作者：莉莉

第一环节：老师先朗读题目、副标题和作者

老师说：阅读材料前，我们是否能从题目和作者获得线索？嗯，我注意到这篇文章的主人公是莉莉，而且是莉莉写的。这篇文章是作者写她自己的，我还注意到莉莉没有姓，这有点奇怪。

（老师想让学生知道优秀的读者会在阅读前仔细浏览题目、作者姓名、封面上的图片和任何文字说明，它们会提供有关这本书的信息。）

老师说：我注意到这是回忆录，意味着告诉读者这是一个人的生活经历。回忆与故事有所不同，缺乏矛盾、冲突和解决的方法等元素。

（老师想要学生激活他们关于文本体裁的背景知识，从而帮助他们预测文本结构。）

老师说：我注意到副标题是"一只母狗的回忆录"，我知道"mutt"是一只狗，狗是不会写字的，我猜想作者也许是从莉莉的视角写这篇文章的。

（在这段话中，老师向学生展示：优秀的读者在阅读前擅长猜测，猜测能够帮助读者有目的地阅读，因为一般猜测之后，读者会急着找出答案。）

老师说：我已经与文本发生了联系，因为我家里也有只狗，有时它会有奇怪的，甚至是惊险的外出。不过，我还是喜欢它的。我想知道莉莉是否有点像我家的狗。

（会读书的阅读者会自然地联系生活实际，联系会在文本和作者间产生亲切感，还会推动阅读者提问，培养批判性思维。）

老师说：当我读到"回忆录"这个词时，我想我要搞明白为什么作者会写这只狗。

（优秀的读者在阅读前会设定阅读目的，也会思考作者的写作目的。这种推理最终会帮助读者理解主题。）

第二环节：老师朗读第一段

我不是一只坏的狗。如果你说我是一只坏的狗的话，我会冲着你汪汪大叫。我非常非常的机灵和可爱，身边的人们总是惊讶于我的奇思怪想。厨房和后院都没有我睡觉的地方！哦！不！我只能把我的小头放在凯特琳床上两个枕头间，不过大多数时间，我会把空间腾出来给她。"两个公主"，当她的爸爸妈妈每晚给我们盖上被子，关上灯时，总是这么说。

老师说：我注意到我是对的，作者是从狗的角度写这篇回忆录的。

（老师向学生展示：优秀的读者会自我监控，印证是否正确。在读前老师猜测作者是用狗的语气说话，现在证明老师的想法是对的。）

老师说：我能判断这只狗真的很坏，即使它说它不是。我有足够的证据：主人服侍它，它睡在"人的床上"的枕头间，它还被称为"公主"。

（作为好的读者，他们能够根据文中的线索总结和判断，即使作者不是直截了当地挑明。老师向学生展示，好的读者会经常回到文本中，寻找证明观点的证据。）

老师说：我还能判断这一定是只小狗。作者说它躺在凯特琳床上两个枕头间，只有小狗才会那么做。我想知道，它是哪种狗，谁是凯特琳。如果我坚持读的话，一定会找到答案的。

（老师正在根据文章中的线索得出结论和判断，作者并没有说这是只小狗，但是通过提供枕头的细节证明这一点。老师还提问狗的种类以及另一个公主的身份，这会使自己对接下来的阅读充满兴趣和期待。）

老师说：作者正在描写一个场景，因此这是在脑海里想象的绝佳时机。我在我脑海里想象整个场面。我敢打赌：床上肯定有镶着褶边的小狗枕头。我能想象莉莉有点像豆豆布偶，鼻子从粉色的蕾丝边露出来。

（请注意在老师脑海里出现的图片一直与"公主"联系在一起，老师超越文字，在大脑里形成图像。学生有必要意识到可视化和想象不仅仅是复述，如果我们想要记住这个场景，需要具体的情节和阐释。）

第三环节：老师朗读第二段

另一位公主有着长长的黑发，牙齿上镶嵌着闪闪发亮的金属丝。我的头发是杏仁色，牙齿棒棒的，可不需要金属丝箍住，凯特琳的妈妈总是告诉我："不要咀嚼家里的木头东西，不要咀嚼椅子脚。"妈妈总是有很多规矩！

老师说：我正在猜测"另外一个公主"是谁，凯特琳——也许是一个少女，闪闪发亮的金属丝也许是牙箍。我知道，一般来说只有孩子才会有牙箍。我想知道作者是否在接下来的文章中描写更多的细节。

（好的读者总是不会对理解掉以轻心，他们通常会提出假设，然后继续仔细阅读，目的在于检验他们的预测是否正确。）

老师说：我在脑海里想象"妈妈"，她可能站在客厅里，一边看着咬坏的椅子脚，一边向莉莉挥手指。我还仿佛听到她嘴里喋喋不休地咕哝着，指责莉莉。

（在这个场景里，想象不但发挥视觉作用，还要调动听觉作用。读者应该知道想象是所有感官发挥作用，这样记忆会更深刻。）

老师说：我注意到"规矩"这个词是加粗和大写的，妈妈的话一言九鼎，规矩很重要，家里肯定没人敢违反。我想知道作者是否还将告诉我们更多的规矩。

（将重要或特殊的词汇大写或者加粗是作者的写作手法，起到强调的作用，目的在于引起读者的注意或者深藏含义。敏锐的读者总会带着"作者视角"，识别那些具有特殊标记或者含义的词汇，理解其真正的意义。）

注：此案例是南希·博伊尔斯在她的课堂里的实践，共有六个环节，在此挑选了前三个环节，尽管是节选，但是将联系、想象、提问、综合、确定重点、推理六个核心策略融入文本阅读中，有助于我们学习和理解。案例中括号里的内容是对教师策略使用的说明，下划线部分是策略使用和体现的地方。

图书在版编目（CIP）数据

怎样让学生爱上阅读：培养积极的终身阅读者/郑钢著．—上海：华东师范大学出版社，2019
ISBN 978-7-5675-9705-1

Ⅰ.①怎… Ⅱ.①郑… Ⅲ.①读书方法 Ⅳ.① G792

中国版本图书馆 CIP 数据核字（2019）第 187432 号

大夏书系·阅读教学

怎样让学生爱上阅读

——培养积极的终身阅读者

著　　者	郑　钢
策划编辑	任红瑚
审读编辑	张思扬
封面设计	淡晓库

出版发行	华东师范大学出版社
社　　址	上海市中山北路 3663 号　邮编　200062
网　　址	www.ecnupress.com.cn
电　　话	021-60821666　行政传真　021-62572105
客服电话	021-62865537
邮购电话	021-62869887　地址　上海市中山北路 3663 号华东师范大学校内先锋路口
网　　店	http://hdsdcbs.tmall.com

印 刷 者	北京季蜂印刷有限公司
开　　本	700×1000　16 开
插　　页	1
印　　张	15
字　　数	200 千字
版　　次	2019 年 9 月第一版
印　　次	2021 年 11 月第四次
印　　数	10 101-13 100
书　　号	ISBN 978-7-5675-9705-1
定　　价	45.00 元

出 版 人	王　焰

（如发现本版图书有印订质量问题，请寄回本社市场部调换或电话 021-62865537 联系）